# まるごととらえる国語教材の分析

教材がわかる！
授業ができる!!

編著
筑波大学附属小学校
白石範孝
国語会議

文溪堂

# 「作品をまるごと読む」とは……

国語の読みの授業には、次のような指導の流れが見られます。

物語の授業の場合――

作品をいくつかの場面に分けるという場面分けから授業が始まり、最初の場面から順番に「～の気持ちは……」という発問の繰り返しによって、登場人物の気持ちをイメージと感覚で読んでいく指導。

説明文の授業の場合――

物語の場合と同様に、段落分けから入り、最初の段落から順を追って「どんなことをしましたか？」「どうなりましたか？」という発問で書いてある内容を確認し、なぞっていくという指導。

このように、限定された一部分の場面や狭い範囲の内容だけを、「イメージや感覚」だけの読みや「確認・なぞる」という一問一答でとらえることを繰り返すような授業では、論理的に「考える」という子どもの思考活動の姿を見ることはできません。

国語の授業において子どもたちの思考活動を引き出すためには、作品全体の構成や、場面や段落のつながりをふまえて内容をとらえること――つまり作品を「まるごととらえた読み」を土台として、論理的に考えて作品や文章を読んでいく姿を求めていかなければならないと考えています。

今、国語の基礎・基本の習得、国語の力の育成が大きく叫ばれる中で、子どもが論理的に「考える」読みの指導が求められています。そのためには、作品や文章をまるごととらえ全体のつながりをふまえて、作品や文章の細部を読み味わうことのできる授業づくりが必要です。

このような授業のためには、教師にも作品や文章をまるごととらえ、作品や文章のつながりを考える教材研究が求められます。

本書は、以上のような考え方を基本として、現在の国語の教科書に掲載されている主要な教材を取り上げ、その分析を試みました。また、その分析をもとに、「3段階の読み」の考え方に基づいた単元プランも示しました。

本書をとおして、子どもたちが作品や文章をまるごととらえて論理的に考え、思考するための教材研究と授業づくりを一緒に探ってみましょう。

平成27年6月

筑波大学附属小学校　白石範孝

## 第2章 説明文教材の分析……63

第3章
## 詩教材の分析

# 序章
# 「教材分析」とは

## 「教材分析」と「教材研究」は違う

本書はタイトルに「まるごととらえる国語教材の分析」とうたっています。その名の示す通り、現在使われている小学校の国語の教科書から代表的な教材を選び、現場の先生方が授業を組み立てる際の参考になるよう、教材分析を行ったものです。

多くの現場の先生方から聞こえてくるのが、「国語の授業の前に教材分析をしたいのだけれど、どのように行えばいいのか、具体的な方法がわからない」というお悩みです。

そこでまず、国語の教材分析はどのように行えばいいのか、その方法について述べてみたいと思います。そのうえで、本書で紹介したさまざまな教材の分析を参考にしていただければ、本書に掲載できなかった教材についても、ご自身で分析を進めることができると思います。

さて、「教材分析」とよく似た言葉に「教材研究」があります。さまざまな研究会や、先生たちとのお話の中で、この「教材分析」と「教材研究」がしっかり区別されていないように感じます。そしてそのことが、「教材分析で何をやったらいいのかわからない」というお悩みの原因につながっているように思えます。

「教材分析」とは、ひと言《こと》で言えばその教材の論理、つまり、教材の特徴や仕組みをとらえることです。

教材分析によって教材の論理をつかむことができたら、その教材の学習を通して子どもたちにどんな力をつけさせるのか、授業はどう組み立てるのか、子どもたちにどのような活動をさせるのか……といったことを検討することになります。これが、「教材研究」です。

「ああ、この教材にはこんな特徴があるんだな」ということが見えてから、「じゃあ、その特徴を授業にどう生かしていくか」を考えるわけです。

「教材研究の方法がわからない」と悩んでいる方の多くが、この二つのステップをごちゃ混ぜにしてしまっているように感じます。

「教材分析」をしっかりやらない——つまり、どんな教材なのかをきちんと把握しないままに授業の計画を立てようとしてもうまくいきません。また、「教材分析」を行っただけで見通しが立ったように勘違いしてしまい、そのまま授業に臨もうとしても、やはり無理があります。

私はよく、シェフと食材にたとえます。仕入れた食材の色や形、味、鮮度などの特徴を吟味するのが「教材分析」です。その特徴を最大限に引き出せる料理を考えるのが「教材研究」なのです。

## 教材分析には「観点」をもつ

では、「教材分析」の方法を見ていきましょう。

どうすれば、その教材の特徴をつかむことができるのか……。ただ漫然と教材を読んでいても、教材の論理は見えてきません。もちろん「その文章に書かれている内容」を理解することはできるでしょう。しかし、教材分析とはその文章に書かれていることを読み取ることではありません。「授業の教材として使う」ことを前提として、「教材と考えたときにどのような特徴をもっているのか」をとらえるための読みが必要になるのです。

例えばものを買うときに、「なんとなく」お店に行ったところで、必要なものを選ぶことはできません。洋服を買うのだったら、色やデザイン、素材、縫製の具合、値段……といった自分なりの「観点」をもって商品を見ているはずです。だからこそ「このシャツは通気性がいい素材を

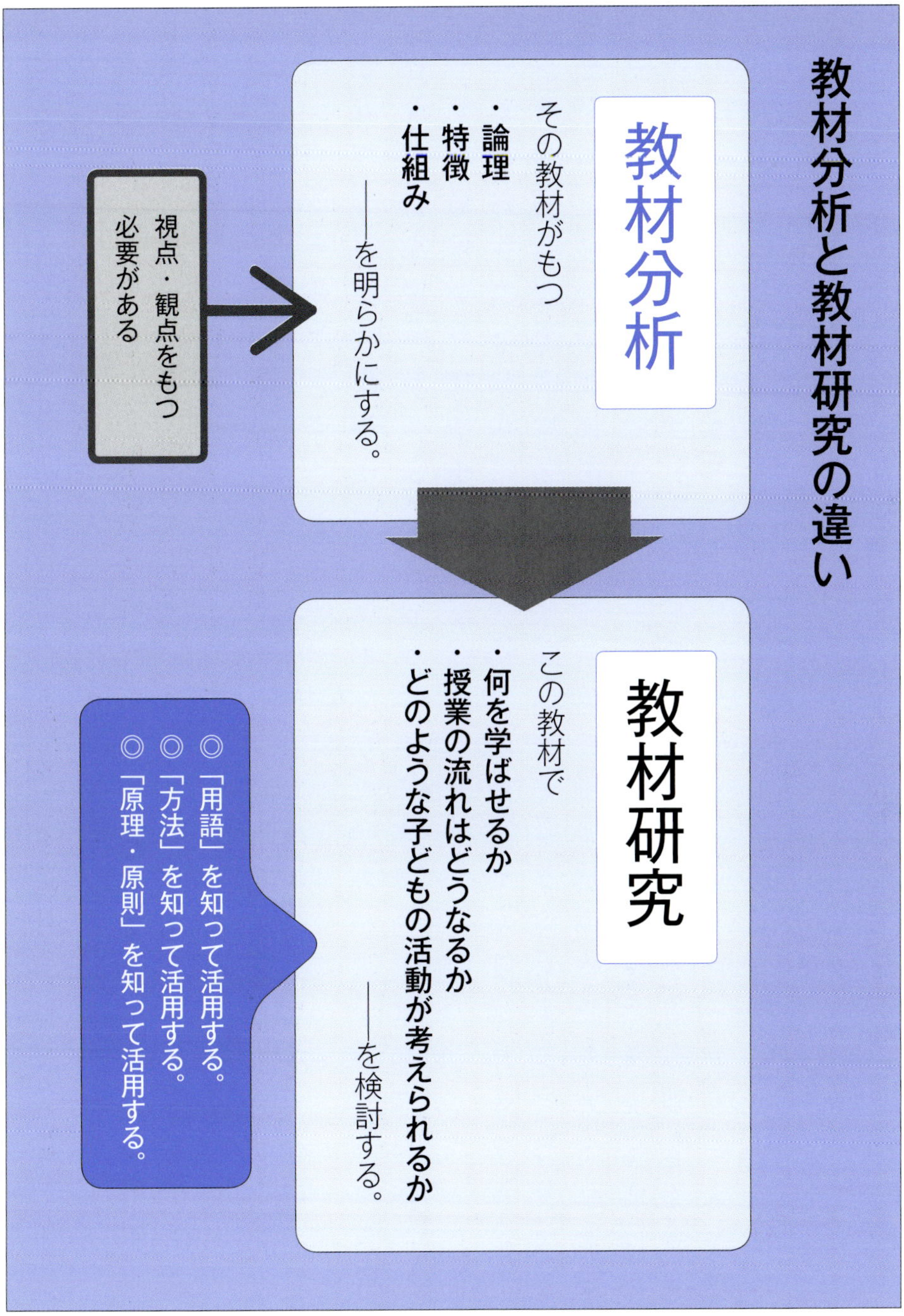

使っているから、スポーツのとき着るのによさそうだ」「この色は、以前に買ったカーディガンの色と合いそうだ」といった、商品ごとの特徴をとらえることができるのです。

教材分析も同じです。「観点」をもって読むことによってはじめて、その教材の特徴が見えてきます。

## 全ての観点を「うめる」ことが教材分析ではない

教材分析を行うときは「観点」をもつことが大切だと述べましたが、その観点は、教材の種類――物語なのか、説明文なのか、詩なのかによって違います。

私はこれまで観点の一つのモデルとして

・物語の10の観点
・説明文の10の観点
・詩の5の観点

を挙げてきました。（詳しくは11ページ参照）

多くの方々にこの三種類の観点を利用していただいているのですが、これらの観点の使い方について勘違いされている方がいらっしゃることに最近気づきました。

それは、それぞれの観点の全てを挙げることが教材分析なのだ……という勘違いです。

「物語の10の観点」には、「設定・題名」「人物」「出来事・事件」「中心人物の変容」「文章構成」「因果関係」「お話の図・人物関係図」「繰り返し」「中心人物のこだわり」「一文で書く」の10個を挙げていますが、物語の教材分析を行うときには、その教材についてこれらの観点の全てを挙げていく必要はありません。例えば「大きなかぶ」であれば、引っ張るのを手伝う動物が次々と出てきて「それでもかぶはぬけません」を繰り返すところが大きな特徴です。観点の中の「繰り返し」がカギになってきます。しかし、中心人物の変容はそれほど強く描かれているわけでもないので、「中心人物の変容」についてはあまり意識する必要はないでしょう。

一方「ごんぎつね」では、「繰り返し」の観点は不要ですが、ごんの行動と変容をつかんでいくうえで「中心人物の変容」の観点は重要です。

このように、カギになる観点は教材によって異なります。したがって教材分析の結果をまとめる「教材分析図」も、表で整理するものがあったり、「お話の図」として表すものがあったりと、さまざまなスタイルになるわけです。

中には、ある教材について「10の観点」や「5の観点」の項目をすべて挙げただけで「教材分析ができた」と思ってしまう方もいるようです。

しかし、それでその教材の特徴が浮き彫りになったわけではありませんから、教材研究や授業計画、そして授業へとつなげていくことができません。ですから、教材分析としては不完全です。

## 物語の10の観点

| | | |
|---|---|---|
| ① | 設定・題名 | 時、場所、季節、時代　など。 |
| ② | 人物 | 登場人物、中心人物、対人物、語り手　など。 |
| ③ | 出来事・事件 | 物語の中で起きたこと。いくつかの事件がつながって物語となる。中心人物の変容につながる。 |
| ④ | 中心人物の変容 | 中心人物の心情の変化。 |
| ⑤ | 文章構成 | 三つに分けられるものが多いが、二つの場合もある。 |
| ⑥ | 因果関係 | 中心人物の変容や事件の原因となるつながり。 |
| ⑦ | お話の図・人物関係図 | 物語の出来事や伏線、因果関係、登場人物相互の関係などを図に表したもの。 |
| ⑧ | 繰り返し | 物語の中で繰り返され、強調されていること。 |
| ⑨ | 中心人物のこだわり | 物語の中で中心人物がこだわっていること。物語の主題につながる。 |
| ⑩ | 一文で書く | 中心人物が、どんな事件・出来事によって、どう変容するかを一文で表したもの。 |

## 説明文の10の観点

| | | |
|---|---|---|
| ① | 題名・題材・話題 | 筆者が自分の主張を述べるためのキーワードとなる。 |
| ② | 段落 | 形式段落、意味段落、形式段落の主語　など。 |
| ③ | 要点 | 形式段落の中で筆者が述べようとしている主要な内容。 |
| ④ | 事例 | 説明文で述べられている具体と抽象のうち、具体の部分。 |
| ⑤ | 問いと答え | 説明文には、読み手を引きつけるために筆者が書こうとする内容を疑問の形で表した「問い」と、それに対する「答え」の段落がある。筆者の主張につながる。 |
| ⑥ | 文章構成図 | 段落相互の関係を図に表したもの。具体と抽象の関係などがつかめる。 |
| ⑦ | 文章構成 | 頭括型、尾括型、双括型に分類できる。 |
| ⑧ | 要約 | 文章全体のあらまし。 |
| ⑨ | 繰り返し | 繰り返されることで、筆者のこだわりが表れる。 |
| ⑩ | 比較しているもの・こと | 比較からわかることが筆者の主張につながる。 |

## 詩の5の観点

| | | |
|---|---|---|
| ① | 題名 | その詩の内容をいちばん端的に表しているものが多い。 |
| ② | リズム | 五七調や七五調のように、音数の配列によって生じる調子。 |
| ③ | 中心語・文、繰り返し | 詩の中の核になる言葉。 |
| ④ | 語り手 | 詩の作品世界の案内人。詩人のメッセージにつながる。 |
| ⑤ | 技法と効果 | リフレイン、擬態語、擬声語などの技法を用いることによって効果を生む。 |

## 常に「なんで？」

私自身が教材分析を行うときに心がけているのは、常に「なんで？」という視点をもつことです。

「全体のまとまりを考えたときにどうしても三つに分けることができない……なんで？」

「同じ言葉なのに表記が使い分けられている……なんで？」

「地蔵さまの数よりも、つくったかさの数が一つ少ない……なんで？」

これらのように、読み手が「なんで？」と引っかかるところは、わざわざ一般的な書き方とは違う書き方をしているわけですから、そこには作者や筆者の思いが込められていると考えていいのではないでしょうか。だとすれば、その部分が物語であれば主題、説明文であれば主張に何らかの形でつながっている可能性が強いといえます。

また、「なんで？」と引っかかる部分は、子どもたちに対する問いにもつなげることができ、授業の展開も見えてきます。ただ、授業にもっていくためには、「なんで？」に対して論理的に説明できる「答え」を見つけておくことが前提です。その答えを見つけることが教材研究だといえるのではないでしょうか。

## 教材分析に「終わり」はありません

さて、一度分析したらその教材についての分析は完了――というわけではありません。

以前に分析したことのある教材でも、改めて読み返してみることで、以前はわからなかった作品の特徴が見えてきたり、何気なく読み飛ばしていた一文が実は重要な意味をもっていることに気づいたりすることもあります。

私自身、長年教科書に掲載されている、いわゆる定番教材を使った授業は何回も行ってきました。それでも、かつて行った教材分析を使い回すのではなく、機会をとらえては同じ教材の分析を何度も繰り返しています。そうすることで分析がより深まる経験が幾度もありました。

教材分析の目的は、あくまでも「授業」です。よりよい国語の授業を目指すためには、何度も繰り返し教材分析を行うことはとても大切なことです。

また、「教材分析」だけで完結してしまったのでも意味はありません。教材分析から教材研究を行い、授業に生かし、その結果を次の教材分析や教材研究にフィードバックする……。

教材分析に「終わり」はないのです。

第1章

# 物語教材の分析

◆本書で元にした教科書　東京書籍「あたらしい　こくご」平成二十七年度　一年上

# おおきな　かぶ

うちだ　りさこ　訳

…概要…

おじいさんが育てたかぶは大きく育った。おじいさんは収穫しようとするが、一人の力では抜くことができない。かぶがあまりの大きさで抜くことができないため、登場人物は助けを呼んでくる。力を合わせて、最後にはかぶを抜くことができる話。

**教材分析の視点**

## ◆「物語の10の観点」による分析

| | |
|---|---|
| 設定・題名 | ロシアの昔話 |
| 人物 | おじいさん　おばあさん<br>まご　いぬ　ねこ　ねずみ |
| 出来事・事件 | おじいさんが、かぶのたねをまく。<br>おじいさんが、できたかぶをぬこうとする。<br>ねずみがきて、おじいさんは、「やっと」かぶをぬくことができた。 |
| 因果関係 | おじいさんが、丹精を込めたので、あまくげんきのよいかぶは、おじいさんだけではぬけないほどに大きくなった。 |
| 繰り返し | うんとこしょ、どっこいしょ。<br>～が～をひっぱって、<br>□かぶは、ぬけません。 |
| 中心人物のこだわり | あまいかぶを収穫したい。 |

教材分析

## おおきなかぶ

**はじめ**

（設定）
おじいさんが、かぶのたねをまきました。
「あまいあまいかぶになれ。おおきなおおきなかぶになれ。」

（時間の経過、かぶをそだてる）
あまい、げんきのよい、とてつもなくおおきいかぶができました。

いぬ

いぬ　ねこ

いぬ　ねこ　ねずみ

### 1 【はじめ】…種まきで思いをこめるおじいさん

おじいさんが丹精を込めたことで「あまい、げんきのよい、とてつもなくおおきいかぶ」ができる。「あまいあまいかぶになれ。おおきなおおきなかぶになれ。」と種まきをしたおじいさんの思いは、収穫まで続いている。そして、「あまい、げんきのよい、とてつもなくおおきなかぶができました。」の［中］の部分との一行空きは、長い時間が経過したことを表している。このことをおさえて読むことが、最後の喜びの大きさにつながっていく。また、「あまい」が「おおきな」よりも前にあることや「あまいあまい」「おおきなおおきな」と言葉が2回繰り返されて強調されている意味も考えたい。

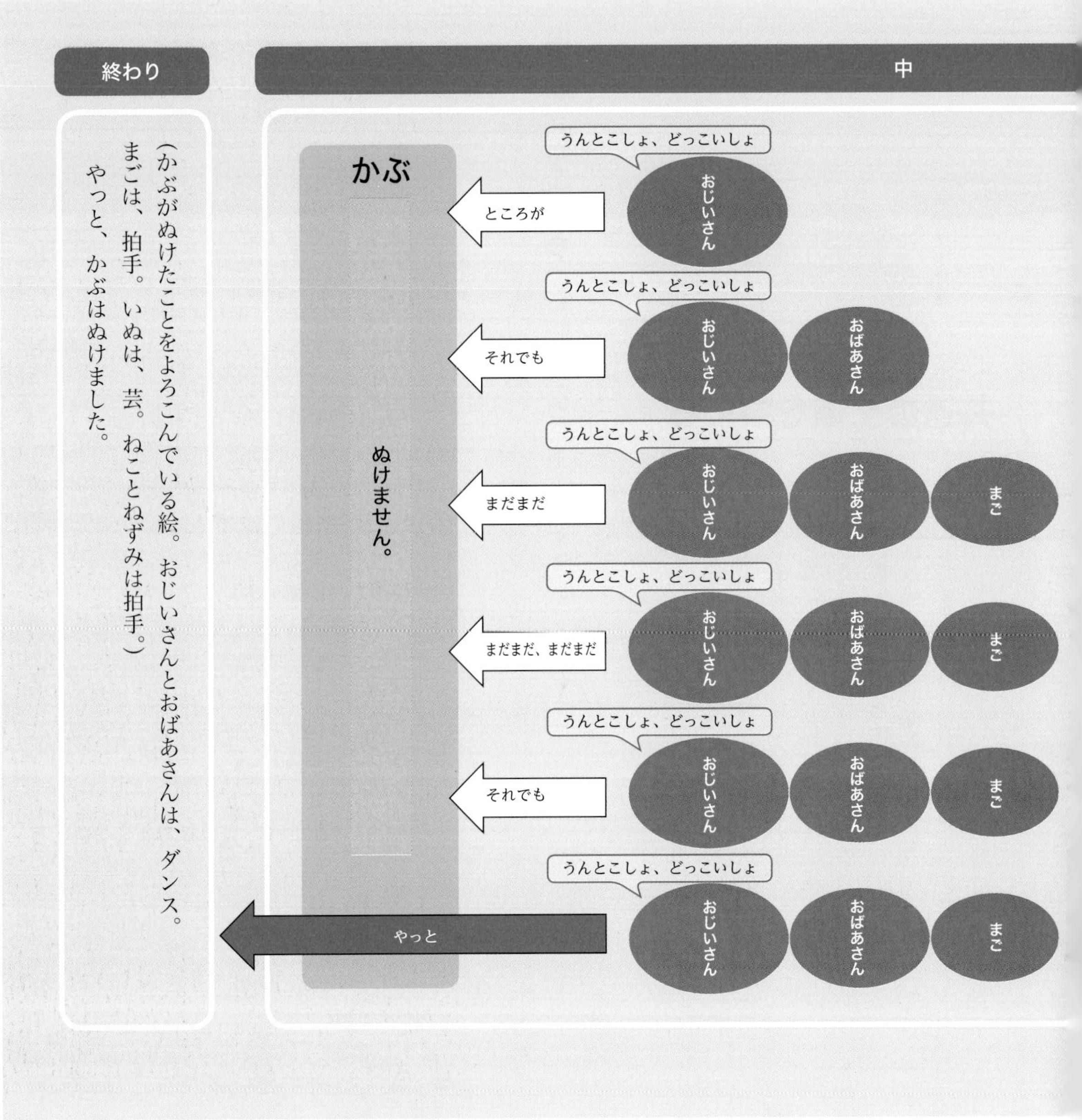
中
うんとこしょ、どっこいしょ
おじいさん
ところが
うんとこしょ、どっこいしょ
おばあさん
おじいさん
それでも
うんとこしょ、どっこいしょ
まご
おばあさん
おじいさん
まだまだ
うんとこしょ、どっこいしょ
まご
おばあさん
おじいさん
まだまだ、まだまだ
うんとこしょ、どっこいしょ
まご
おばあさん
おじいさん
それでも
うんとこしょ、どっこいしょ
まご
おばあさん
おじいさん
やっと
かぶ
ぬけません。
終わり
（かぶがぬけたことをよろこんでいる絵。おじいさんとおばあさんは、ダンス。
まごは、拍手。いぬは、芸。ねことねずみは拍手。）
やっと、かぶはぬけました。

**[2]【中】…かぶを抜こうとするおじいさん**

抜くことが大変であれば大変なほど、かぶの大きさが強調される。登場人物が増え、次にだれを呼んでくるのかということやどこまで繰り返しが続くのかという読者の期待を引き出しながら話は展開する。収穫が大変なほど、育てたおじいさんの喜びは大きく、「うんとこしょ、どっこいしょ。」のかけ声が大きくなるところにも繰り返しが生きている。なかなか抜けないときの「ところが」……「やっと」には、なんとかして抜こうとするおじいさんとその場面に引き込まれる読者の気持ちが映し出される。

さらに、登場人物の順番にも注目したい。引っ張る順序が「大→小」と並ぶことでおじいさんが引っぱる「かぶ」の大きさが強調されている。

また、呼ばれた人物が次の人物を呼びに行くことが繰り返され、仲が悪いはずの動物たちが互いに呼んできて力を合わせるところにおもしろさがある。

**[3]【終わり】…喜ぶおじいさん**

おじいさんたちが、喜んだだろうということは容易に想像できるが、人物の様子を説明する叙述はない。挿絵には、抜けたあとの様子が描かれていて、これもヒントに喜ぶ様子を表現することができる。

そして、「やっとかぶはぬけました。」と話をしめくくっている。

# 単元プラン◆「おおきなかぶ」（8時間）

## ◎第1段階

### 共通の土俵をつくる

**1 題名から問いをつくる。**

（例）・「おおきなかぶ」は、だれが出てくるお話なの。
・「おおきなかぶ」はどうなったの。
・どうして「おおきなかぶ」になったの。
・「おおきなかぶ」は、どこの話なの。

**2 物語の筋・設定をとらえる。**

・読み聞かせで話の概要をとらえる。
・話の展開を予想しながら読み聞かせを聞く。

教材の論理

### ◆分析から見えてくる教材「おおきなかぶ」の特徴

**・繰り返し・引っぱる順序**

登場人物が増えて、同じようにかぶを抜く行為が繰り返される。大きい登場人物から小さい登場人物へとならび「うんとこしょ、どっこいしょ。」の同じかけ声は、繰り返されながらも大きな声となり、かぶの大きさを強調し、盛り上がりを演出している。

**・接続詞や副詞で受ける出来事の様子**

かぶを抜こうとした結果は、「ところが」「それでも」「まだまだ」などで受けて、繰り返しを強調し、かぶの大きさ、抜けたときの喜びを強めている。

**・会話文が2種類だけ**

おじいさんが種まきをするときに、願いを込める言葉と、かぶを抜くときのかけ声だけになっている。登場人物同士の会話など、挿絵も使って想像を広げることができる。

**・終わりの文**

かぶが抜けた後の喜ぶ様子を挿絵が表している。その様子を全部受けて、「やっと、かぶがぬけました。」としめくくっている。

指導のねらい

### ◆教材「おおきなかぶ」では、こんな力をつける

- はっきりした発音で音読する。
- 繰り返しに気づき、登場人物を意識することで、事柄の順序を考えながら読む。
- 接続詞や副詞と述語の関係をとらえながら読む。
- 登場人物の会話を考えることで想像を広げて読む。

◎第2段階

## 内容の読みから問いの解決をはかる

1 **物語の展開と登場人物をおさえる。**

・かぶは、登場人物に入るのだろうか。「登場人物」とは、どのようなものかを知る。

2 **繰り返しを意識して音読する。**

・繰り返していることを見つける。

（かぶを抜こうとすること、引っぱり方、かけ声、呼ばれた人が次に手助けする人を呼んでくること、などが見つかる。）

3 **劇化しながら読む。**

・役割を決めて、登場人物の会話を考えながら劇をつくる。

・登場人物は、互いにどのように声をかけて呼んできたのか、抜けなかったとき、やっと抜けたとき、互いにどのような会話をしたのだろうか。即興の会話をする学習活動を行うことにより想像を広げ表現する。

◎第3段階

## 文章全体を読むことから表現に向かう

1 **登場人物の順序について考え、おもしろさをとらえる。**

・かぶ→おじいさん→おばあさん→……引っぱる順序に図をかき、体や力の大きさを表す（14・15ページ参照）。

・最後に小さな力のねずみが加わったところで、「やっと」抜けるところに展開のおもしろさがある。

2 **この物語で、おもしろかったところを知らせ合う。**

・どんなところがおもしろかったか、話したり、書いたりしてまとめる。

・発表したものを整理しておき、同じようなおもしろさをほかの物語で見つけた時に関係づけられるようにする。

物語教材・1年生

# ゆうやけ

もりやま　みやこ

◆本書で元にした教科書　光村図書「こくご」平成二十七年度　一年上

・・・・・概要・・・・・

きつねのこが、新しい赤いズボンをはいて大満足する。きつねのこは、草原で、くまのことうさぎのこに会い、ズボンに気づいてほしいと思いながらも遊びに夢中になり、ズボンのことを忘れてしまう。やがて夕方、真っ赤にそまった空の色とくまのこのズボンの赤色が重なる。二人にズボンのことを気づいてもらえたきつねのこは、にっこりする。

ゆうやけの空の下、さんびきはかたをならべて帰って行った。

**教材分析の視点**

### ◆「物語の10の観点」による分析

| | |
|---|---|
| 設定・題名 | 時：きつねのこが新しいズボンをはいたその日の出来事。<br>題名：「ゆうやけ」は、きつねのこの気持ちをかえる大きなきっかけである。<br>人物：うさぎのことくまのこ。挿絵が人物像を表現している。動物を「登場人物」として教えることができる。<br>場面：きつねのこのズボンをとおして、場面転換がわかりやすい。 |
| 中心人物の変容 | 新しいズボンをはいてうれしいきつねのこ。<br>気づいてほしいと思いながら、ズボンのことを忘れて遊ぶきつねのこ。<br>ゆうやけによってズボンに気づいてもらえたきつねのこ。<br>（友達との楽しい時間） |
| Ｉ文で書く | きつねのこが、ゆうやけによって、あたらしいズボンに気づいてもらえたお話。 |

教材分析

## ゆうやけ

この題名は、物語にとって重要なきっかけである。

○時　きつねのこがあたらしいズボンをはいた日
○場所　くさはら
○中心人物　きつねのこ
○対人物　くまのこ　うさぎのこ

きつねのこが、あたらしいズボンをはきました。
・赤色
・ポケットがふたつも
・「いいな。とってもいい。」
・うっとり
・よごしたくないので、みずあそびをやめました。

【きつねのこ】
新しいズボンがすっかり気に入った

**1　大きく三つのまとまりでとらえる**

本教材は、「おがわ」「くさはら」「かえりみち」の三つの場面から構成されている。

新しいズボンを気に入り、みずあそびをやめてしまったきつねのこが、くさはらでくまのこ、うさぎのこと遊ぶうち、ズボンのことをわすれてしまうが、くまのこたちにズボンをほめられたことでまたうれしくなるという、きつねのこの気持ちの変化を読み取りやすい。挿絵と文章を対応させながら、場面の様子を読み取らせることは一年生にとって大切な活動である。

**2　中心人物の気持ちの移り変わりを読む**

場面の様子や人物の会話を考えながら、きつねのこの気持ちの変化をとらえる手立てとして、

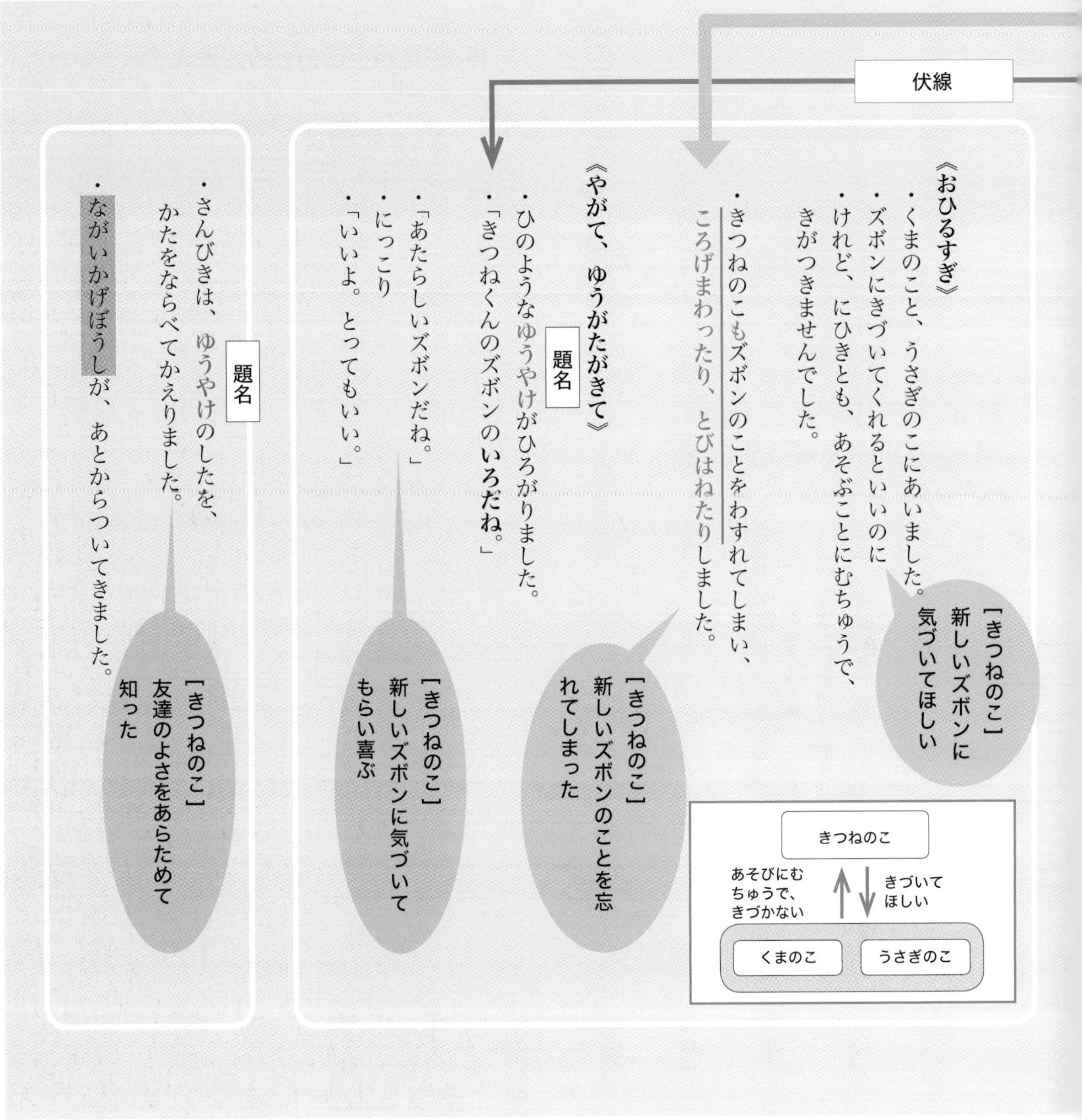
伏線
《おひるすぎ》
・くまのこと、うさぎのこにあいました。
・ズボンにきづいてくれるといいのに
・けれど、にひきとも、あそぶことにむちゅうで、
きがつきませんでした。
・きつねのこもズボンのことをわすれてしまい、
ころげまわったり、とびはねたりしました。
【きつねのこ】新しいズボンに気づいてほしい
【きつねのこ】新しいズボンのことを忘れてしまった
きつねのこ
あそびにむちゅうで、きづかない
きづいてほしい
くまのこ
うさぎのこ
《やがて、ゆうがたがきて》
・ひのようなゆうやけがひろがりました。
題名
・「きつねくんのズボンのいろだね。」
・「あたらしいズボンだね。」
・にっこり
・「いいよ。とってもいい。」
【きつねのこ】新しいズボンに気づいてもらい喜ぶ
・さんびきは、ゆうやけのしたを、かたをならべてかえりました。
題名
・ながいかげぼうしが、あとからついてきました。
【きつねのこ】友達のよさをあらためて知った

・挿絵の並べ替え
・アニマシオン的活動（カードの並べ替え）

などが考えられる。その際、「きつねのこは」等の主語を意識した指導が必要である。

一場面では、新しいズボンに「うっとり」して遊びをやめるきつねのこに同化させる。

二場面では、二人の友達と会い、ズボンに気づいてほしいと思いながらも忘れてしまう楽しい様子と、まっかな「ゆうやけ」によってズボンに気づいてもらい「にっこり」したきつねのこの気持ちを考えさせる。うれしさとともに友達のよさを再確認したきつねのこに共感させたい。

結末の場面は、「さんびきは」という主語になっている。「かたをならべて」の表現から、三匹の仲のよさがうかがえる。きつねのこにとって、ほかの二匹の存在はどのようなものか、ズボンを通して三匹の関係を考えさせたい。

これらの読みを通して、児童の好きな場面を紹介するという言語活動を設定することができる。一年生の児童に物語全体をとらえる力をつけることにつながる。

### 3 題名

きつねのこの赤いズボンと対応した題名である。物語の設定として、きつねのこのズボンが赤色、ゆうやけのきれいな一日であることなど物語の伏線になっている。「あおいズボンだったら?」「くもりの日だったら?」一年生の反応を聞きたい。

# 単元プラン◆「ゆうやけ」（4～5時間）

◎第1段階

## 物語の大体をとらえ、共通の土俵をつくる

**1 多様な音読を通して文章全体の内容を把握する。**

・繰り返し音読し、言葉の意味をとらえる。

・登場人物を確認する。

・挿絵を並べ替え、どのような場面かを話し合うことで、物語のあらすじをとらえる。

**2 登場人物から読みの方向性をもつ。**

・きつねのことくまのことうさぎのこは、どんな友達かな？

教材の論理

### ◆ 分析から見えてくる教材「ゆうやけ」の特徴

**・題名のもつ意味**

題名は「ゆうやけ」である。「きつねのこ」や「あたらしいズボン」という題名のほうが１年生の児童にはわかりやすい。しかし、この題名には、きつねのこの気持ちを大きく変えるきっかけ（物語の設定）という大切な役割がある。赤いズボンは物語の伏線になっている。「ゆうやけが出てきつねくんはよかったね」と題名の大切さに気づかせたい。

**・登場人物の関係**

中心人物であるきつねのことくまのこ、うさぎのこの関係をとらえさせる。夕方まで一緒に遊ぶ、喜びを共有する仲のよい友達である。会話文や三匹の様子からその関係に気づかせる

**・中心人物の変容**

新しいズボンをめぐって、きつねのこの気持ちが変化している。場面ごとにきつねのこの様子や会話を考えさせることで、場面による心情の変化をとらえさせることができる。

**・時を表す言葉**

低学年の目標である順序をとらえさせるため「おひるすぎ」「やがて、ゆうがた」「ながいかげぼうし」などの言葉が用いられており、物語の筋がとらえやすい。

指導のねらい

### ◆ 教材「ゆうやけ」では、こんな力をつける

・中心人物・対人物とその関係をとらえる。

・新しいズボンをキーワードに、場面の移り変わりや様子をとらえる。

・物語の出来事をとらえ、お話の大体をつかむ。

・時を表す言葉から順序よく読む。

◎第２段階

## 出来事をとらえ、場面の様子を読む

**１　場面ごとにきつねのこの様子を考える。**

・「いいな。とってもいい。」とうっとりするきつねのこが何と言っているか考える。新しいズボンがどんなズボンか確認する。

・草原で遊ぶ三匹の様子を考える。

・新しいズボンに気づいた三匹の会話を話し合う。

・大きな出来事を話し合う。

**２　三匹はどんな友達か考える。**

・ズボンのことを忘れて遊ぶ様子や、「いいな。とってもいい。」「いいよ。とってもいい。」の呼応、肩を並べて帰る様子などから三匹の仲のよさをとらえる。

・三匹の関係を図に表してみる。

◎第３段階

## 物語の全体をとらえ、表現に向かう

**１　文章全体の出来事をとらえる。**

・題名について考える。

「きつねのこ」「あたらしいズボン」などの題名と比べることで、きつねのこが変容するきっかけとなっていることを話し合う。

**２　物語の結末を意味づける。**

・「かたをならべてかえるさんびき」が、どんなお話をしているか考えて書く。

**３　いちばん好きな場面を紹介する。**

・好きな場面を絵にかいて紹介する。

物語教材・2年生

# かさこじぞう

いわさき きょうこ

◆本書で元にした教科書 東京書籍「新しい国語」平成二十七年度 二年下

・・・・概要・・・・

大そう貧乏なじいさまとばあさまがいた。じいさまは、大晦日、正月のしたくのために、かさをこさえて町に売りに行くが売れず、帰る途中に雪に埋もれた六人のじぞうさまにかさをかぶせる。一人分足りなかったので、自分のつぎはぎだらけの手ぬぐいをかぶせる。そんなじいさまをばあさまは優しく迎える。真夜中、六人のじぞうさまが、餅などをじいさまの家の軒下に置いていく。

教材分析

## かさこじぞう

**〈いつ〉**むかしむかし　ある年の大みそか
**〈どこ〉**あるところ　家、町、野っ原
**〈人物〉**じいさま　ばあさま　六人のじぞうさま

たいそう びんぼうで、その日 その日を やっと くらして おりました。

家の中　　町

**〔出来事①〕**
もちこのよういも できん
← かさこ こさえる　（五つ）
← 町に売りに行く
← だれもふりむいてくれない
しかたなく帰る **〔未解決〕**

伏線

教材分析の視点

### ◆「物語の10の観点」による分析

| | |
|---|---|
| 設定・題名 | ・ある年の大晦日の一日の出来事<br>・たいそうびんぼう<br>・じいさまとばあさまのやさしさ |
| 人物 | じいさま　ばあさま<br>六人のじぞうさま |
| 出来事・事件 | ①もちこがない大晦日にかさをこさえてもちこを買いに行く。<br>②片側だけ雪に埋もれた六人のじぞうさまにかさをかぶせるが、かさが一人分足りない。<br>③つぎはぎだらけの手ぬぐいを出す。<br>④じぞうさまがもちなどをおいていった。 |
| 因果関係 | 出来事②が出来事①を解決する伏線になっている。 |

**1 設定**

登場人物でおさえたいのは、六人のじぞうさまが人物であるという点である。「人物とは、人のように考えたり行動したりするもの」という定義を明確にしたい。

**2 出来事・事件**

このお話は、二つの出来事が並列して起こる。一つは、大みそかなのに「もちこのよういもできん」ことである。もう一つは、六人のじぞうさまが片側だけ雪に埋もれていてかさをかぶせたのだが、「じぞうさまの数は六人、かさこは五つ。どうしても足りない」ことである。この二つの出来事がどのように解決していくかを場面の展開に沿っておさえる。

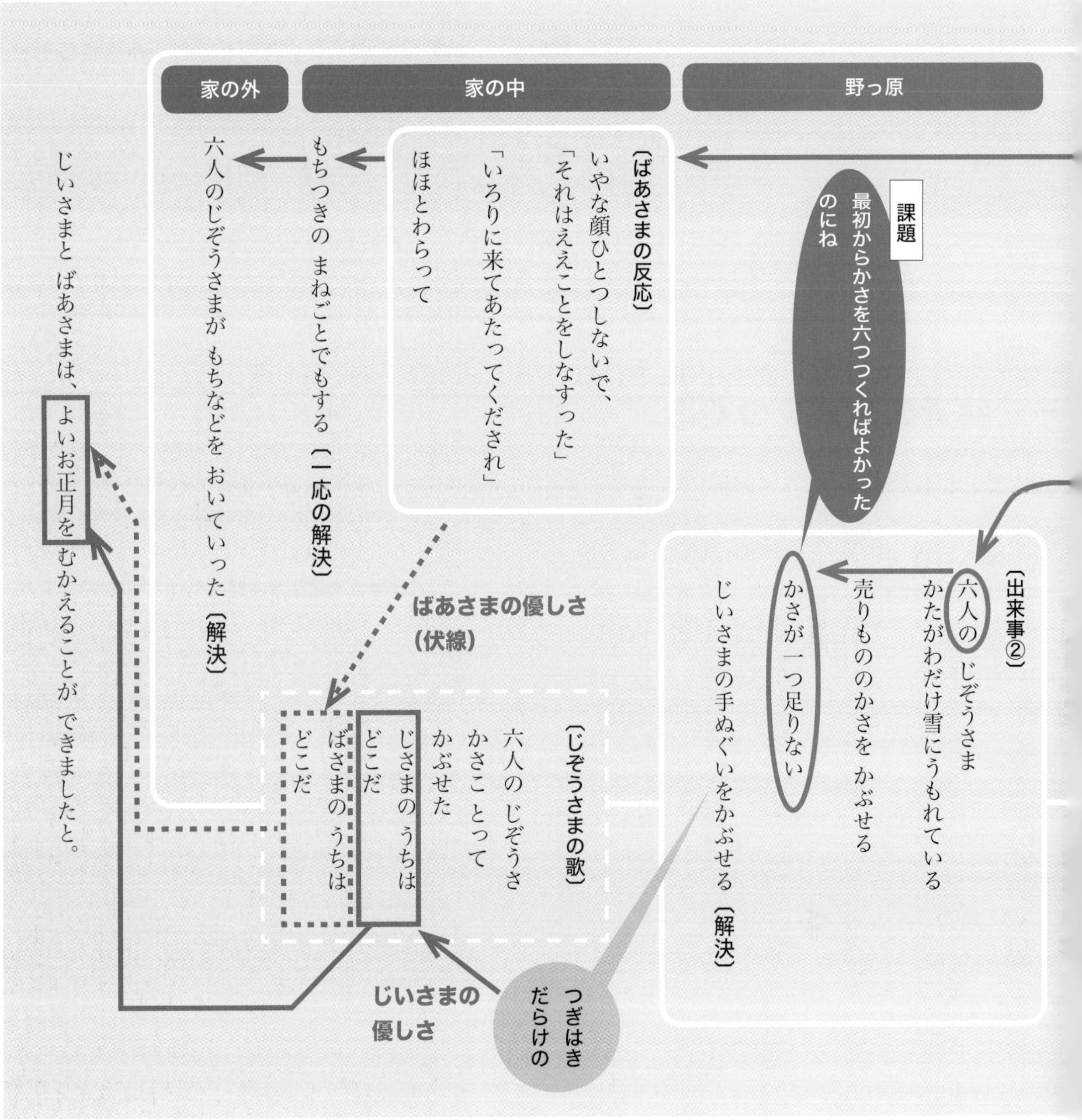


### 3 因果関係

昔話は、最後の出来事を解決するときに、人知を超えたものの存在によって解決されることが多い。「かさこじぞう」もその一つである。

人知を超えたもの「じぞうさま」がじいさまたちの困ったことを解決する手助けをしたきっかけが、出来事②である。二つの出来事がどのようにつながるのかを読ませたい。

### 4 伏線のおもしろさと物語の二面性

じいさまがつくったかさの数について、「作者はなぜ『五つ』にしたのか」を考えることによって、この物語の主題が浮き上がってくる。

「かさが一つ足りない」ことで、じいさまの「自分がかぶっていた、つぎはぎだらけの手ぬぐいをかぶせる」という行動が生まれる。

「たいそうびんぼうで、その日その日をやっとくらしておりました。」という中で、何度もつぎはぎしながら大切にしてきたであろう手ぬぐいまでじぞうさまにかぶせてしまうという、じいさまの優しさは、この状況があったからこそ描くことができる。

さらに、そんなじいさまに対して「いやな顔ひとつしない」で、「ほほとわらう」ばあさまの優しさも、この状況から描かれる。

このように、かさが五つだったことが、この物語の主題である「じいさまとばあさまの優しさ」がわかる状況を生み出す伏線となっているのである。

## 単元プラン◆「かさこじぞう」（8時間）

◎第**1**段階

### 共通の土俵をつくる

**1 音読をとおして文章全体の内容を把握する。**

**「設定」を読む。**

・題名、作者、時、場所、人物、場面

・まずしいくらし

・じいさまとばあさまの、おたがいのやさしさ

**2「出来事」を読む。**

・「じいさまが困ったことは何？」に対する答え

・出来事①「そのへんまで、お正月さんがござらっしゃるというに、もちこのよういもできん。」

・出来事② じぞうさまは　かたがわだけ　雪にうもれている。

じぞうさまの数は六人、かさこは五つ。どうしても足りません。

**3「因果関係」を読む。**

・出来事の展開を場面と照らし合わせてとらえる。

教材の論理

### ◆ 分析から見えてくる教材「かさこじぞう」の特徴

**・因果関係が明確**

「出来事」→「解決」という因果関係がよく見える教材である。

**・伏線のおもしろさがある**

じいさまがつくったかさの数が五つであることが、じいさまがじぞうさまに自分の手ぬぐいをかぶせることの伏線になっている。

また、出来事②（じいさまがじぞうさまに、かさや手ぬぐいをかぶせたこと）が、出来事①（たいそうまずしく、もちこのよういもできないこと）の解決の伏線になっている。

**・物語の二面性と主題**

作品の内容から誰もが読めるじいさまの優しさのほかに、作品の裏に流れているばあさまの優しさに気づくことが作品の二面性を読むことになる。

また、「つぎはぎだらけの」という言葉に着目することで、その優しさの深さを知ることができる。

指導のねらい

### ◆ 教材「かさこじぞう」では、こんな力をつける

**・「設定」（時、場所、季節、時代など）、「人物」、「出来事・事件」、「場面」などの基本的な読みの観点を身につける。**

**・「因果関係」について、「伏線」を軸に読む力をつける。**

**・作品の内容から誰もが読めるじいさまの優しさだけでなく、作品の裏に潜むばあさまの優しさについて読み、主題にふれる力をつける。（物語の二面性）**

◎第 2 段階

## 問いの解決から伏線の意図を読む

**1 「最初から六つつくればよかったのにね。」という問いから作者の意図に気づく。**

・「一つ足りない」という設定によって何が生まれたかを考える。

・「じいさまのやさしさ」が何によってわかるかを考える。

・「つぎはぎだらけの」という言葉に着目して、じいさまのやさしさを考える。

**2 じぞうさまの歌の歌詞「ばさまのうちはどこだ」に着目して、ばあさまのやさしさを読む。**

・じぞうさまにやさしくしたのはじいさまなのに、なぜ、「ばさまのうちはどこだ」という言葉が入っているのだろう。

・じいさまが帰ってからのばあさまの会話や行動に着目する。

**3 「よいお正月」とは、もちこがあることと、じいさまとばあさまのやさしさ、仲のよさがあってのことであることをまとめる。**

◎第 3 段階

## 「かさこじぞう」のおもしろさをまとめる

**1 ノートに「かさこじぞう」のおもしろさをまとめる。**

**2 友達の書いたおもしろさを読み合う。**

**3 おもしろいと思うところを絵や文字をかいて紹介する。**

物語教材・2年生

# きつねのおきゃくさま

あまん　きみこ

◆本書で元にした教科書　教育出版「小学国語」平成二十七年度　二年上

・・・・概要・・・・

「きつねのおきゃくさま」は、はらぺこきつねが、ひよこ、あひる、うさぎを太らせてから食べようとお世話しているうちに、ひよこが言うとおりの人柄となり、最後にはおおかみからひよこたちを守る話である。「むかしむかし、あったとさ。」から始まり、「とっぴんぱらりのぷう。」で終わる民話である。

教材分析

## きつねのおきゃくさま

はじめ

むかしむかし、あったとさ。
はらぺこきつねが　あるいて　いると、やせた　ひよこが　やって　きた。
がぶりと　やろうと　思ったが、やせて　いるので　考えた。太らせてから
たべようと。
そうとも。よく　ある、よく　ある　ことさ。

| ひよこ |
|---|
| 「どこかに　いい　すみか、ないかなあ。」 |
| 「きつねの　お兄ちゃんって、やさしいねえ。」 |
| でも、きつねは、生まれて　はじめて「やさしい」なんて　言われたので、すこし　ぼうっと　なった。 |
| ひよこは、まるまる　太って　きたぜ。 |

変化

変化

変化しない

教材分析の視点

### ◆「物語の10の観点」による分析

| | |
|---|---|
| 人物 | 登場人物：きつね（中心人物）、ひよこ、あひる、うさぎ、おおかみ<br>語り手：話者、三人称視点 |
| 中心人物の変容 | はじめは、「ひよこ」や「あひる」や「うさぎ」を太らせてから食べようと思っていたきつねが、三匹がおおかみに食べられそうになったときに、おおかみとたたかって三匹を守る勇敢なきつねになった。 |
| 繰り返し | この作品では、すみかを探す「ひよこ」「あひる」「うさぎ」に対して、次のことが同じように繰り返されている。<br>・出会ったときのあいさつ。<br>・きつねがこれまで言われたことのないような言葉を言われ、喜び、そのように行動すること。<br>・最初はきつねを疑っていたが、きつねを信じていること。<br>・言われたように行動しているきつねだが、「・・・は、まるまる太ってきたぜ。」と、太らせてから食べようと、ずっと思っていたこと。 |
| 中心人物のこだわり | ひよこ、あひる、うさぎを太らせて食べること。 |

### 1　大きく三つのまとまりでとらえる

この作品の文章構成は、上図の三つのまとまりと考えられる。

［中］の部分では、同じような出来事が繰り返し行われるのと同時に、きつねの言動に、変化する部分と変化しない部分とがあり、これが作品のおもしろさにもなっている。

読みの学習を生かし、表現活動として、この作品のおもしろさをまとめる活動が設定できる単元である。

### 2　話の展開の意外性

きつねがひよこたちを太らせて食べようと思うことは、よくある、よくあることだ。しかし、この話のきつねは、最後にはひよこたちを助け

## 中

### 繰り返しのおもしろさ

| あひる | | うさぎ |
|---|---|---|
| 「どこかに いい すみかは ないかなあ。」 | | 「どこかに いい すみかは ないかなあ。」 |
| 「きつね お兄ちゃんは、 とっても 親切なの。」 | 変化 | 「きつね お兄ちゃんは、 かみさま みたい なんだよ。」 |
| それを かげで 聞いた きつねは、 うっとりした。 そして、「親切な きつね」 と いう 言葉を、 五回も つぶやいたとさ。 | 変化 | それを かげで 聞いた きつねは、 うっとりして、 きぜつしそうに なったとさ。 |
| あひるも、 まるまる 太って きたぜ。 | 変化しない | うさぎも、 まるまる 太って きたぜ。 |

ある 日。くろくも山の おおかみが 下りて きたとさ。

「いや、まだ いるぞ。きつねが いるぞ。」

その ばん。

きつねは、はずかしそうに わらって しんだ。

**展開の意外性のおもしろさ**

なぜきつねは「はずかしそうにわらってしんだ」のだろう？

## 終わり

まるまる 太った、ひよこと あひると うさぎは、にじの 森に、小さい おはかを 作った。

そして、せかい一 やさしい、親切な、かみさまみたいな、そのうえ ゆうかんな きつねの ために、なみだを ながしたとさ。

とっぴん ぱらりの ぷう。

**民話独特の終わり方のおもしろさ**

る。この意外性が、この作品のおもしろさである。

　さらに、三匹が「そして、せかい一やさしい、親切な、かみさまみたいな、そのうえゆうかんなきつねのために、なみだをながしたとさ。」という行動をとったのは、きつねがまるまると太らせて自分たちを食べようと思っていたことを知らないからである。だから、三匹にとって、きつねは「やさしい」「親切」「かみさまみたい」「ゆうかん」な存在でしかあり得ない。そんな三匹を食べようと思っていた自分に対する思いが、「きつねは、はずかしそうにわらってしんだ。」の一文に凝縮されている。

### 3 民話独特の終わり方

　この作品は「むかしむかしあったとさ。」から始まり、「とっぴんぱらりのぷう。」で終わる。民話の語り口は、きつねがえさとしてねらっている場面であっても、どこか優しく温かい感じを受ける。さらに、最後の悲しい場面を悲しさで終わらせない力をもっている。

### 4 作品のおもしろさをまとめる

「この話のおもしろさを、お家の人に話してあげよう。」

・繰り返しのおもしろさ
・民話の語り口のおもしろさ
・展開の意外性のおもしろさなど

## 単元プラン◆「きつねのおきゃくさま」（6～8時間）

◎第1段階

### 共通の土俵をつくる

1 多様な音読をとおして文章全体の内容を把握する。
2 「10の観点」で一人読みをする。
・人物
・こだわり
3 作品を三つに大きく分ける。
4 どんな繰り返しがあるか探す。

教材の論理

### ◆分析から見えてくる教材「きつねのおきゃくさま」の特徴

**・中心人物「きつね」の揺れ動く気持ち**

中心人物の「きつね」は、はじめはらぺこだったのでひよこを食べようと考える。しかし、「お兄ちゃん」や「やさしい」などと言われ、そのとおりの行動をする。が、また「ひよこはまるまる太ってきたぜ。」とひよこを食べることを考える。このことが同様に、あひる、うさぎでも繰り返される。そして、最後には三匹のためにおおかみとたたかって「はずかしそうに笑って」死んだ。きつねを信じ一緒に生活をしている三匹に対し、よいきつねとよくないきつねが交互に出てくることで、最終場面のよいきつねの勇敢な姿が強調されている。

**・繰り返しのおもしろさ**

この作品では、すみかを探す「ひよこ」「あひる」「うさぎ」に対して、次のことが同じように繰り返されている。

○出会ったときのあいさつ。
○きつねがこれまで言われたことのないような言葉を言われ、喜び、そのように行動すること。
○最初はきつねを疑っていたが、きつねを信じていること。
○言われたように行動しているきつねだが、「・・・は、まるまる太ってきたぜ。」と、太らせてから食べようと、ずっと思っていたこと。

指導のねらい

### ◆教材「きつねのおきゃくさま」では、こんな力をつける

・繰り返しのおもしろさと効果をとらえる。
・中心人物の変容を読み取る。
・話の展開の意外性のおもしろさを読み取る。

◎第２段階

## 内容の読みから問いの解決をはかる

１　繰り返しから何を強調しているのかを考える。
２　［はじめ］のきつねと［終わり］のきつねの変容を読み取る。
３　きつねは「なぜ、はずかしそうにわらってしんだのか。」について考える。
４「とっぴんぱらりのぷう」の一文がある文とそうでない文を比べて考える。
５「きつねのおきゃくさま」の作品のおもしろさをまとめる。
・繰り返しのおもしろさ
・民話の語り口のおもしろさ
・展開の意外性のおもしろさなど

◎第３段階

## おもしろさを伝える

１「きつねのおきゃくさま」のおもしろさを表現する。
・「きつねははずかしそうにわらってしんだ。」のときのきつねの心を書いてみよう。
・「何がはずかしいの？」
・「なぜ、わらったの？」

# もうすぐ雨に

朽木 祥

◆本書で元にした教科書　光村図書「国語」平成二十七年度　三年上

**概要**

かえるを助けたとき、「動物の言葉が分かればいいのに」と思った「ぼく」は、不思議な音を聞き、その音を聞くと、動物の言葉が聞こえるようになる。はじめは、まさかと思っていた「ぼく」も、「もうすぐ雨に」という動物たちの言葉を信じるようになる。雨のなか歌を聞きながらかえるを思い浮かべる「ぼく」は、やがて雨音とともに不思議な音が聞こえなくなり、動物の言葉も聞こえなくなる。だが、「ぼく」は、トラノスケが口をきかなくても、言いたいことが分かるようになる。

## 教材分析　もうすぐ雨に

「もうすぐ雨に」と、何回出てくるのかな。
「もうすぐ雨に」と、誰が誰に言っているのかな。

| 文章構成 | はじめ | | | |
|---|---|---|---|---|
| 場面 | 1 | 2 | 3 | |
| 場所 | へや | げんかん | 電線の上 | 道（学校まで） |
| ぼく以外の登場人物 | かえる | トラノスケ | からす | つばめ |
| 動物の言葉 | × | ○ | ○ | ○ |
| 声の大きさ | | しだいにはっきり聞こえるようになる | | |
| チリン | ○ | ○ | ○ | ○ |
| 雨についての反応 | | 「もうすぐ雨になるんだから。大急ぎで出かけないと。」 | 「もうすぐ雨になるんですから。早く食べ物を持って帰りませんと。」 | 「いそがしくて、お話ししているひまなんか、ありませんよ。もうすぐ雨になりますからね。」「虫とり、虫とり。」 |
| | 動物の言葉なんて聞こえるはずがない。雨なんてふらない | | | |
| 「ぼく」の反応 | 「動物の言葉が分かればいい」 | 言うはずないよね。まさか。 | あんぐり口を開けた。 | 「つばめまで口をきいたりして。」いったいどうなってるんだろう。 |

### 教材分析の視点

**◆「物語の10の観点」による分析**

| | |
|---|---|
| 出来事・事件 | 空は晴れているのに動物たちは「もうすぐ雨に」と言い、どしゃぶりの雨がふる。 |
| 中心人物の変容 | 動物の言葉が、分かればいい。→トラノスケが口にしなくても、言いたいことが分かる。 |
| 繰り返し | 鈴みたいな音<br>動物の言葉<br>「もうすぐ雨に」 |

### 1　中心人物の変容

・［はじめ］…「動物の言葉が、分かればいいのになあ。」と思っている。
↓
・［終わり］…「トラノスケ」が「口をきかなくても、「なんて言いたいのか、ようく、分かった」

この変容の道筋を、「中」における動物たちの言葉を聞く繰り返しの中で次の二点に焦点化して読み取りたい。

一つめは、「ぼく」の、動物の言葉が聞こえたときの反応の変化である。

二つめは、「ぼく」の、「雨」、「もうすぐ雨に」という言葉への反応の変化である。

| 中 | | | | 終わり |
|---|---|---|---|---|
| 4 | 5 | 6 | 7 | 8 |
| 教室の後ろ | しいく小屋 | 教室 | お米屋さんの のき下←帰り道 | 家 |
| みどりがめ | うさぎ にわとり | クラスメイト | かえるたち トラノスケ | トラノスケ |
| ○ | ○ | | ×←○ | × |
| | | だんだん聞こえなくなる | | |
| ○ | ○ | | ×←○ | |
| 「今日は、しっけがここちよい。もうすぐ雨になるんだな。」 | 口をそろえて言っていることだけは、ちゃんと聞きとれたよ。「もうすぐ雨に」ってね。 | 本当に、ふるのかなあ。かさ、持ってきてないよ。帰りは雨ときょうそうになるのかな。つい口に出してしまった。「もうすぐ雨に。」 | 雨とがっそうするみたいに、チリン、チリン、鳴り始めたのだ。雨がふるのがうれしかったり、ゆかいだったりするだれかが、どこかにいるのかも。のき下で雨宿りさせてもらうことにした。 | |
| | | 動物の言葉が聞こえることを信じ始める、雨がふるかもしれない | | |
| 本当にどうなってるんだろう。「じっけん、じっけん。」やっぱり。 | 校庭のしいく小屋に行ってみた。ちゃんと聞きとれたよ。 | 動物たちの「すぐ」って、ぼくらの「すぐ」とはちがうのかな。ねこに聞いたとは言えないでしょ。みどりがめやうさぎから、ともね。 | 遠くから楽しそうな歌声が聞こえてきた。ぼくは心に思いうかべた。「ご用は、全部すんだか。」きいてみた。 | トラノスケがなんて言いたいのか、ぼくには、ようく、分かったよ。 |

### 2 「ぼく」の「動物の言葉」への反応の変化

場面**2**では、信じていなかったが、場面**3**で確かめたくなり、場面**4**で実験して、場面**5**で確信している。場面**6**では、動物の言葉の存在を前提として、人間と動物の言葉の違いに思いを巡らせ、場面**7**では、歌声から、姿の見えないかえるたちの思いや様子を心に思い浮かべている。

### 3 「ぼく」の「雨」への反応の変化

はじめは、動物たちが「雨」にこだわっていたが、場面**5**から、「ぼく」のこだわりになっていく。場面**5**では、「もうすぐ雨に」を、自分から聞き取ったと述べ、場面**6**では、「雨」を自分が下校するときの切実な問題としてとらえ、かさがないことを心配する。場面**7**では、かえるにとっての「雨」を想像し、かえるの姿を心に思い浮かべるようになる。

つまり、ある事実から相手の思いを想像して姿を心に思い浮かべることができるということである。そして、この逆に、姿から思いを想像することも可能であることを連想させ、言葉が分からなくても言いたいことが分かるということにつながるのである。

# 単元プラン◆「もうすぐ雨に」（6～8時間）

## ◎第1段階

## 共通の土俵をつくる

**1 多様な音読や視写をとおして文章全体の内容を把握する。**

・八つの場面に分けられていることを確認する。
・「チリン」と音の鳴る場面を確認する。
・どの場面で何の動物が登場するのか確認する。
・どの場面で動物がしゃべるのか確認する。

**2 三部構成を確認する。**

〔はじめ〕…場面1　〔中〕…場面2～7　〔終わり〕…場面8
・言葉が分からなくても言いたいことが分かるようになった「ぼく」という変容を読み取る。
・なぜ、分からなかったのか。どうして、分かるようになるのか、「ぼく」や動物たちの言動から読み取って、気がついたことを発表する。

教材の論理

### ◆ 分析から見えてくる教材「もうすぐ雨に」の特徴

**・繰り返しによる強調**

場面2以降、「動物が話す」という出来事と、「もうすぐ雨が」という言葉が繰り返されている。

同じ言葉が繰り返されることによって内容が強調される一方、はじめは動物の話が聞こえることや、もうすぐ雨がふることを信じなかった「ぼく」が次第に変容していくことが浮き彫りになっている。

〈繰り返されること〉
・チリン（すずみたいな音）
・「もうすぐ雨に……」（動物たちの言葉）

**・「ぼく」の変容**

「動物の言葉が、分かればいいのになあ」
↓
「言うはずないよね。空耳かなあ。」「まさか。」
↓
「あんぐり口をあけた。」
↓
「じっけん、じっけん」「やっぱり。」
↓
「ちゃんと聞きとれたよ。」
↓
「ぼくには、ようく、わかったよ。」

指導のねらい

### ◆ 教材「もうすぐ雨に」では、こんな力をつける

・中心人物の変容を、出来事からとらえる。
・1場面のかえるや、8場面のトラノスケが、なんと言いたいのか、文脈から想像して表現する。
・繰り返しという表現技法を使うことができる。

## ◎第2段階

### 内容の読みから題名の意味を考える

1 「ぼく」が「もうすぐ雨に」と言った理由を考える。

・だれにどんな言葉を聞いたのかまとめてみる。

・「ぼく」が「もうすぐ雨に」と言った理由を書く。

2 中心人物の変容の理由を、「ぼく」や動物たちの言動から読み取る。

・「ぼく」の「動物の言葉」への反応の変化をまとめる。

・登場人物の「雨」への反応の変化をまとめる。

・「ぼく」の「動物」への接し方の変化をまとめる。

3 声が聞こえる・聞こえないの違いが、不思議な世界（ファンタジー）の入口と出口になっていることに気づく。

## ◎第3段階

### 読み取ったことを拓く

1 不思議なことが起こる物語をほかにも読む。

・（例）つり橋わたれ

2 もうすぐ雨になることを表していることわざを探してみよう。

・（例）コイがはねると雨がふる。

物語教材・3年生

# モチモチの木

斎藤 隆介

◆本書で元にした教科書 光村図書「国語」平成二十七年度 三年下

概要

本教材は、夜のモチモチの木を怖がったり、一人で外に出ることを怖がったりしていた豆太が、急病で苦しむじさまのために勇気を出して、夜の峠道を走って助けを求めにいくようになる姿、そして、モチモチの木に灯がともるのを目にした姿が描かれた物語である。場面の移り変わりに注意しながら登場人物の気持ちを想像して読むことに適した教材である。

語り手は「もう五つにもなったんだから」と言うが、父と母のいない、じさま一人に峠の猟師小屋で育てられる豆太は、じさまを頼り、じさまの愛情の中で健気に生きている。まだ五つの豆太が、最後にやはりじさまに甘えるのは自然な姿だと感じられる。じさまも甘える豆太をかわいがり、愛情をもって大切に育てている。つまり、この作品の底流に、二人の変わることのない愛情が流れ、映し出されていることがわかる。むしろ、その変わらない二人の絆こそ、作品の心を表しているのである。

## 教材分析の視点

### ◆「物語の10の観点」による分析

| | |
|---|---|
| 中心人物の変容 | ・夜は、まったく臆病な豆太<br>・昼間は、いばっている豆太<br>・必死に泣き泣き夜道を走る勇気ある豆太<br>・じさまを思うやさしい豆太<br>・モチモチの木に灯りがともるのを見た豆太<br>・やっぱり、せっちんにじさまを起こす臆病な豆太 |
| 中心人物のこだわり | ・臆病な豆太と語る語り手の視点<br>・弱虫でも、やさしささえあればというじさまの豆太への愛情<br>・しょんべんにじさまを起こす豆太の気の弱さ |
| 出来事・事件 | ・じさまに、霜月二十日の晩に起きるモチモチの木の秘密を知らされる。<br>・真夜中、突然のじさまの腹痛。<br>・モチモチの木に灯がともる。<br>・じさまの腹痛が治ったあと、じさまが豆太に「勇気ある子だったんだからな。」と語る。 |
| 一文で書く | 臆病な豆太が、じさまのために医者様を呼びに行く勇気をもつことによって、モチモチの木に灯がともるのを見た話。 |

## 教材分析

## モチモチの木

| | |
|---|---|
| 中心人物 | 豆太 |
| 対人物 | じさま 六十四歳<br>青じしを追いかけて岩から岩へとびうつるくらい元気 |
| 生活 | 峠の猟師小屋に二人で住んでいる |
| おとう | くまと組みうちしたきもすけ |
| モチモチの木 | 豆太が名前をつけた木 |
| 山場 | 霜月二十日の晩 |
| 医者様 | 年寄りじさま |

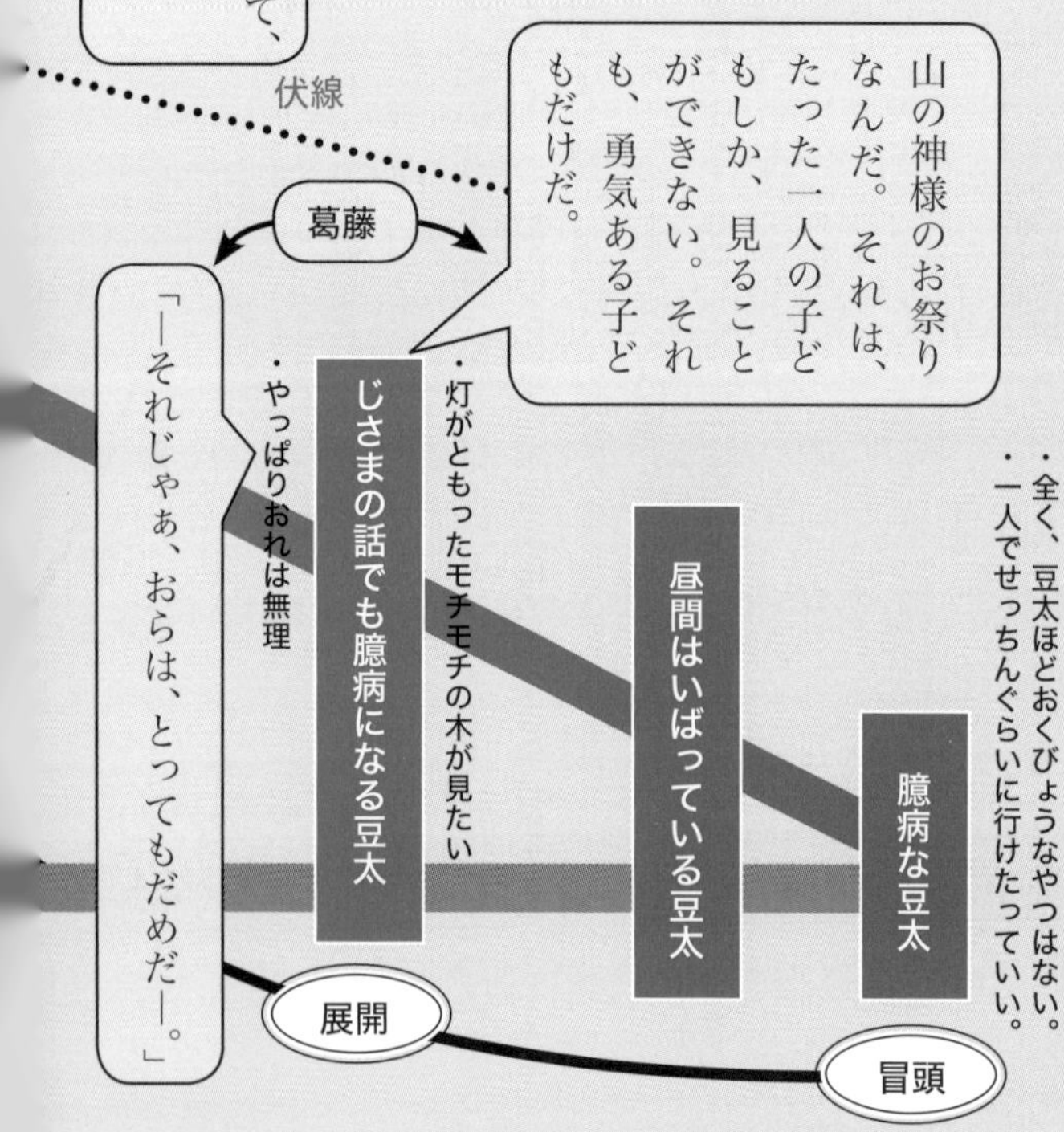

「じさまっ。」こわくて、びっくらして、豆太はじさまにとびついた。「医者様を、よばなくちゃ。」
伏線
山の神様のお祭りなんだ。それは、たった一人の子どもしか、見ることができない。それも、勇気ある子どもだけだ。
葛藤
・全く、豆太ほどおくびょうなやつはない。
・一人でせっちんぐらいに行けたっていい。
臆病な豆太
昼間はいばっている豆太
・灯がともったモチモチの木が見たい
じさまの話でも臆病になる豆太
・やっぱりおれは無理
「―それじゃぁ、おらは、とってもだめだ―。」
展開
冒頭


[1] お話の図に「○○の豆太」という中心人物像をおさえて、全体構造を俯瞰する

文学作品の基本構造の用語をもとに、出来事や事件をおさえて、作品の構造を俯瞰することが大切である。作品の全体を「お話のお山」という「お話の図」に書き表し、各場面ごとに「○○の豆太」と中心人物の人物像を明確にした。

[2] 冒頭部と結末部を対比して、豆太の人物像が「変わったこと」を読み取る

臆病な豆太を、必死になって暗い夜道を駆けて行くという勇気ある行動に駆り立てたものは、何だったのか。それは、「豆太は、なきなき走った。…でも、じさまが死んじまうほうが、もっとこわかった」というじさまを失うことへ

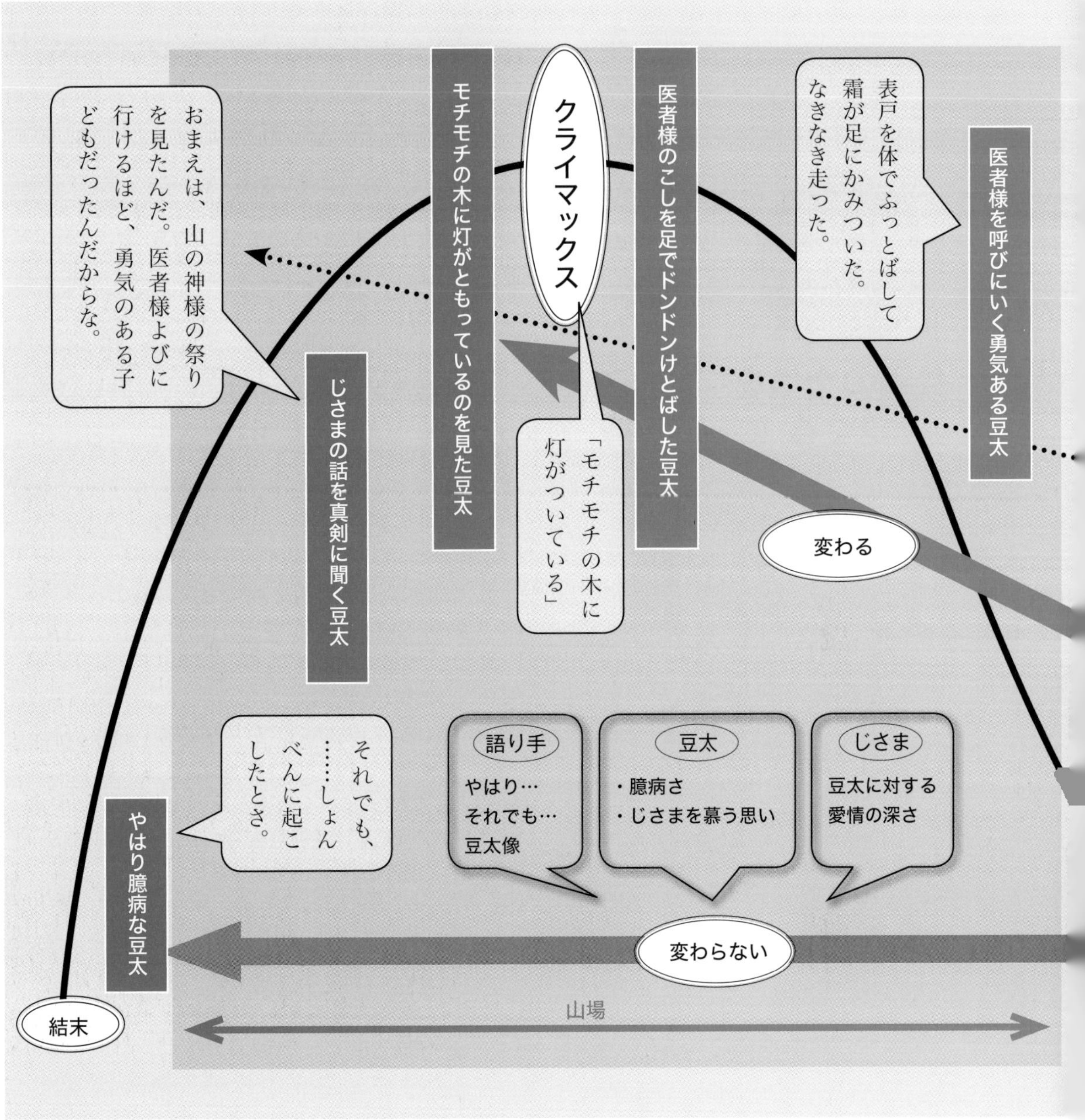
医者様を呼びにいく勇気ある豆太
表戸を体でふっとばして霜が足にかみついた。なきなき走った。
医者様のこしを足でドンドンけとばした豆太
クライマックス
「モチモチの木に灯がついている」
モチモチの木に灯がともっているのを見た豆太
じさまの話を真剣に聞く豆太
おまえは、山の神様の祭りを見たんだ。医者様よびに行けるほど、勇気のある子どもだったんだからな。
変わる
じさま
豆太に対する愛情の深さ
豆太
・臆病さ
・じさまを慕う思い
語り手
やはり…
それでも…
豆太像
それでも、……しょんべんに起こしたとさ。
やはり臆病な豆太
変わらない
結末
山場

の恐怖や、大すきなじさまへの愛情だろう。

「臆病な豆太」から、「勇気ある豆太」へ変身する過程とその因果関係は、依存から自立へ成長している姿であることを読み取らせる。

### 3 作品の心である「変わらなかったこと」を読み解く

最後の三行に「それでも、豆太は、じさまが元気になると、そのばんから、『じさまぁ』と、しょんべんにじさまを起こしたとさ。」とある。話者も読者も、豆太が結局のところ、「豆太は臆病で、甘えっこなのだ。」という結論なのだと考えてしまう。

しかし、ここで、「それでは、もともと臆病だった豆太が、どうして医者様を呼びにあの暗い山道を駆け出すことができたのだろうか。」という内容の論理を追究する問いが生まれる。

そのときに、「豆太は、じさまが大すきだったから」や「じさまは、豆太がかわいかったから」の論理が生まれてくる。その想定された論理をもとに、その根拠となる豆太とじさまの愛情ある関わりを教材の中から探し出す。と同時に、「人間、やさしささえあれば、やらなきゃならねえことは、きっとやるもんだ。」という作者の結論である作品の心にたどりつく。

つまり、この教材には、話者の「やはり豆太は臆病で弱虫なんだ。」という主観に読者が問いをもち、作者の意図を探し出すからくりが仕込まれているのである。

# 単元プラン◆「モチモチの木」（8時間）

◎第1段階

## 共通の土俵をつくる

**1 挿絵を並び替えて、物語のあらましをとらえ、説明する。**

・いくつの場面で構成されているか。
・どんな事件や出来事が起きたのか。
・豆太がどのように変わったのか。

**2 豆太はどんな子か、人物像について話し合う。**

・臆病だけど勇気のある子。
・こわがりでも優しい子。
・じさま思いの子。
・臆病・弱虫な子。

**3 人物像の大きな変容をとらえ、作品構造を一文で表す。**

・「おくびょうな豆太がじさまのはらいたにおどろいたことによって、医者様をよびに行くことができた話」

教材の論理

### ◆分析から見えてくる教材「モチモチの木」の特徴

**・人物像の変化**

この「モチモチの木」は、5つの場面から構成され、それぞれの場面に豆太像が描かれている。そんな中で、豆太の心情に深く迫り、臆病ではあるけれど、勇気をもち合わせる豆太の姿に変化していく姿を映し出している。

**・変化の因果関係**

その変化の因果関係に着目することが重要になる。勇気ある子へ変容できた要因は、じさまを救いたいという強い思いであり、夜の暗闇の怖さよりも、じさまを失う怖さである。そして、モチモチの木に灯がついたのが見えるのは、いざというときに発揮される勇気。その勇気がある子だけが、灯がついたモチモチの木を見ることができるという、じさまの語りが伏線になっていることがわかる。

**・人物同士の変わらない関係**

この作品の底流に、豆太とじさまの変わることのない愛情が流れ、映し出されている。むしろ、その変わらない二人の絆こそ、作品の心を表しているのである。この作品は、変わっていく豆太像とその因果関係を読み解くと同時に、変わらない二人の絆や愛情を探しながら読み深めることが大切になる。

**・豆太への語り手の変わらない見方**

「全く、豆太ほどおくびょうなやつはいない。もう五つにもなったんだから、夜中に、一人でせっちんぐらいに行けたっていい。」という語り手の豆太像。この語り手の豆太像は、最後の「それでも、…じさまを起こしたとさ。」の語り手の表現にあるように、変わらない。はじめから終わりまで臆病さが語られている。

指導のねらい

### ◆教材「モチモチの木」では、こんな力をつける

◆物語全体を通して描かれている人物像に着目し、人物像の変化、その変化の因果関係を読み取り、作品構造を理解することができる。

◆豆太とじさまの変わることのない愛情を読み取り、変わらない二人の絆である作品の心を読み深めることができる。

◎第２段階

## 内容の読みから人物像の変化を読み解く

**１ 場面ごとの豆太像の変化が、どのような出来事によって成り立っているかを読み取る。**

○「臆病・弱虫な豆太」を読む。
・昼間はいばっているが、夜は一人でせっちんにも行けない子であることをおさえる。
・勇気ある子だけが、モチモチの木の灯を見ることができるという伏線をおさえる。

○「じさまに優しくかわいがられている豆太」を読む。
・真夜中にどんなに小さな声で言っても、すぐ目をさましてくれる。
・かわいそうで、かわいかったからだろう。
・勇気のある子どもだったんだからな。自分で自分を弱虫だなんて思うな。

○「勇気のある豆太」を読む。
・臆病だが、じさまのはらいたで、勇気のある子に変わる豆太の様子を読み取る。
・「医者様をよばなくちゃ」。
・なきなき走った。
・でも大すきなじさまが死んじまうほうがもっとこわかった。

○「やっぱり臆病で弱虫な豆太」を読む。
・臆病な豆太像が変わらないことをおさえる。
・それでも、…しょんべんにじさまを起こしたとさ。

◎第３段階

## 文章全体をとらえ、表現へ

**１ 変わったことについて話し合い、まとめる。**
・臆病ではあるけれど、勇気をもち合わせる豆太に変化していく姿。

**２ 変わらなかったことについて話し合い、まとめる。**
・豆太とじさまの変わることのない愛情と絆。

**３ 読み取ったことをもとに、作品構造を一文で書き表し、第１段階で書いた「一文」と比較する。**
・「おくびょうな豆太が、真夜中に医者様を呼びに行く勇気をもつことによって、モチモチの木に灯がともるのを見た話。」

# ごんぎつね

新美 南吉

◆本書で元にした教科書 光村図書「国語」平成二十七年度 四年下

概要

いたずら好きの小ぎつね「ごん」が、ちょっとしたいたずらからひとりぼっちにしてしまった兵十に、無償のつぐないを繰り返す。
ひたすらつぐないを続けるごん。その結果、兵十に撃たれてしまう。だがそのときはじめて、兵十と心が通じ合う。

教材分析の視点

### ◆「物語の10の観点」による分析

| | |
|---|---|
| 人物 | 中心人物…ごん<br>対人物…兵十<br>語り手…ごんに寄り添っているが、最後の場面では兵十に視点の転換がある。このあとクライマックスがくる。 |
| 中心人物の変容 | ごんは、兵十と心が通じ合わなかったが、ひたむきにつぐないをすることで心が通じ合った。 |
| 中心人物のこだわり | つぐないをすること。「ひとりぼっちではない」という兵十へのメッセージ。 |

教材分析

## ごんぎつね

| 場面 | 1 | 2 |
|---|---|---|
| 語り手の視点 | ごん | |
| ごん | ・ひとりぼっちの小ぎつね<br>・ちょいと、いたずらがしたくなったのです。 | ・「ちょっ、あんないたずらをしなけりゃよかった。」 |
| | | いたずらをしたことを後悔している。 |
| | | |
| 兵十 | | |
| | ・「うわあ、ぬすっとぎつねめ。」 | |

### 1 一文で書き、中心人物の変容ときっかけをとらえる

作品をまるごと読むために、中心人物の「ごん」が何をきっかけにどのように変容したか、一文で書かせる。きっかけは「出来事」「事件」などであり、この作品では、兵十に撃たれることである。きっかけをとらえることはそれほど難しくはない。どのように変容したととらえているのかに着目して、授業を展開していく。

一文で書く際、まず「設定・発端」（はじめ）「展開」（中）「結末」（終わり）の「三部構成」を明確にしておくこと、またクライマックスをとらえるなど、共通の土俵づくりをしておくことが必要である。

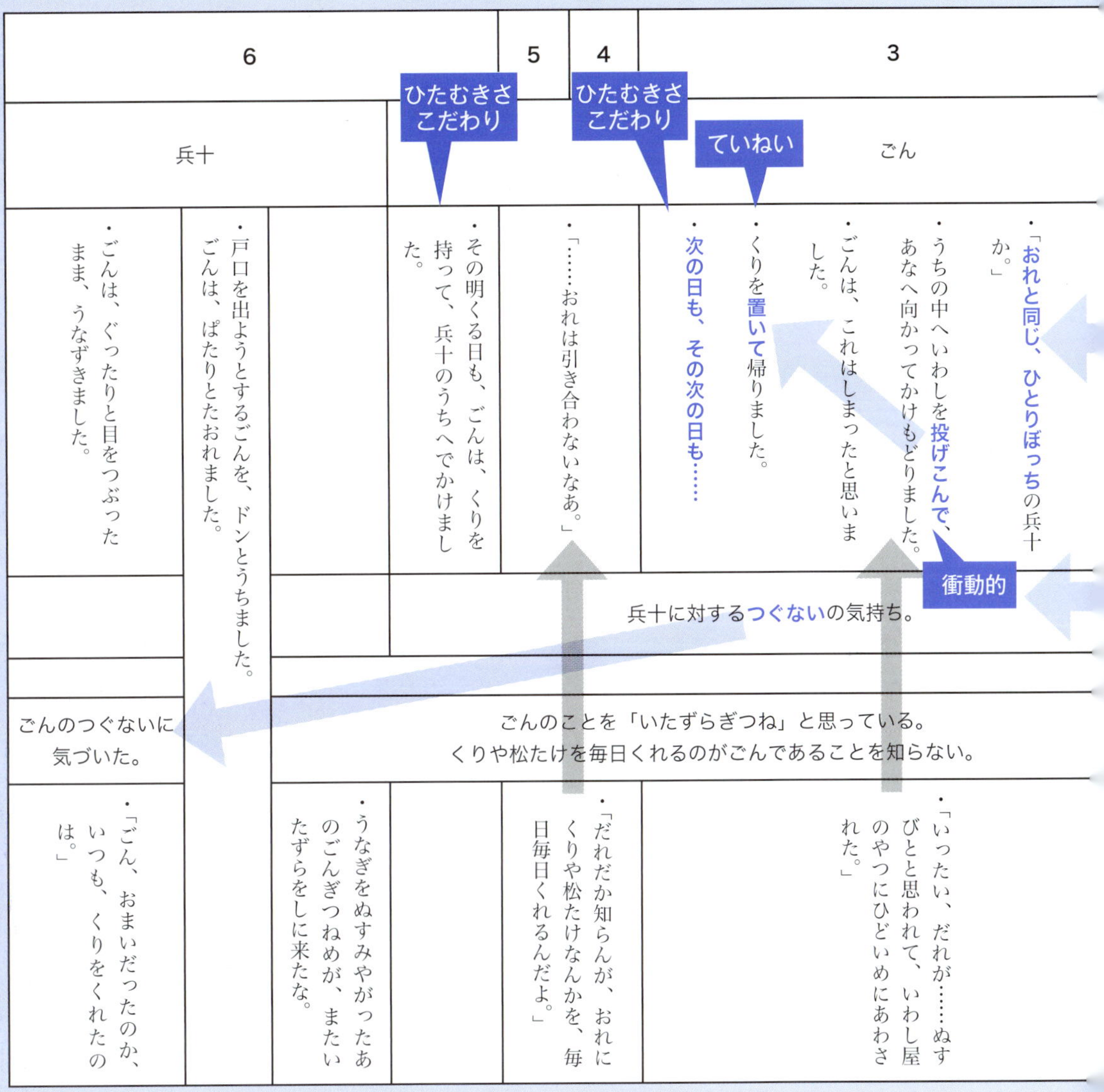
3
4
5
6
ごん
兵十
・「おれと同じ、ひとりぼっちの兵十か。」
・うちの中へいわしを投げこんで、あなへ向かってかけもどりました。
衝動的
・ごんは、これはしまったと思いました。
・くりを置いて帰りました。
ていねい
・次の日も、その次の日も……
ひたむきさ
こだわり
・「……おれは引き合わないなあ。」
ひたむきさ
こだわり
・その明くる日も、ごんは、くりを持って、兵十のうちへでかけました。
兵十に対するつぐないの気持ち。
・戸口を出ようとするごんを、ドンとうちました。ごんは、ぱたりとたおれました。
・ごんは、ぐったりと目をつぶったまま、うなずきました。
ごんのことを「いたずらぎつね」と思っている。
くりや松たけを毎日くれるのがごんであることを知らない。
ごんのつぐないに気づいた。
・「いったい、だれが……ぬすびとと思われて、いわし屋のやつにひどいめにあわされた。」
・「だれだか知らんが、おれにくりや松たけなんかを、毎日毎日くれるんだよ。」
・うなぎをぬすみやがったあのごんぎつねめが、またいたずらをしに来たな。
・「ごん、おまいだったのか、いつも、くりをくれたのは。」

## 2 視点の転換と、その効果を理解する

語り手が誰に寄り添っているか、作品を読んでいくうえで大切な視点となる。この作品では、冒頭からずっと「ごん」で語られている視点が、結末部分で兵十へと転換している。視点が転換するところは、クライマックスを迎えるきっかけとなっている。このことを敷衍《ふえん》すると、「ごんは、ぐったりと目をつぶったまま、うなずきました」がクライマックスとなる。文学作品を読んでいくときの読み方として、身につけさせたい力である。

このことはまた、「一文で書く」際に、主語のねじれが生じる原因として把握しておくと、指導の手だてが見えてくる。特にこの作品では、主語のねじれが起こりやすいので注意しておくとよい。

## 3 因果関係をとらえる

物語には、結末につながる伏線がある。伏線をとらえることは、「因果関係を読む」という、物語文を読むときの核となる力を培うことである。

この教材においては、「つぐない」ということがこだわったことをキーワードとして読んでいく。「つぐないをしようと考えたきっかけは」、「なぜつぐないをしなければならなかったのか」を中心の問いとして、その解決を目指すことが、因果関係を読むことになる。

# 単元プラン◆「ごんぎつね」（6～8時間）

◎第1段階

## 共通の土俵をつくる

**1 作品を通読後一文で表し、話し合いをとおして中心人物の変容をとらえる。**

・「○○（中心人物）が、△△（事件・出来事）によって◇◇（変容）になる（する）話」。

・きっかけや変容も、中心人物を主語として書かせる。

**2 何をきっかけに、中心人物が大きく変わったことは何かを、「10の観点」をふまえながら、全体を読む。**

・中心人物、対人物は

・物語の設定は

・クライマックスは

・中心人物の変容は、こだわっていたことは

教材の論理

### ◆分析から見えてくる教材「ごんぎつね」の特徴

**・登場人物が少なく、因果関係がつかみやすい**

「ごん」と「兵十」の言動に着目して読んでいけば、なぜそうなったのか、因果関係がつかみやすい。特に、ごんがこだわっていたことは何かを考えることは、因果関係だけでなく、主題の読み取りにもつながってくる。

**・話し手の視点の転換が、効果的に用いられている**

「ごん」の視点で語られてきた話が、結末部分で「兵十」へと転換する。視点の転換は、クライマックスを迎えるきっかけとなる。結末部分に用いられることによって、緊迫感を醸し出すとともに、死をもってしか心を通い合わせることができなかったせつなさを強調している。

**・中心人物が繰り返している行動から、主題に迫る読みを展開することができる**

「主題」とは「中心人物がこだわり続けたもの。あるいは、こだわり始めたものに価値を付加したもの」と定義する。「ごん」が繰り返し行っているのは兵十への「つぐない」であり、ここに「ごん」のこだわりがある。「どうして、なぜこだわったのか」と価値づけをすることで、この作品の主題に迫る学習を展開することができる。

指導のねらい

### ◆教材「ごんぎつね」では、こんな力をつける

・一文でまとめることを通して、中心人物の変容を読み取る。

・中心人物のこだわりから、因果関係を読み取る。

・中心人物のこだわりに着目し、読み取った主題を表現する。

◎第２段階

## 内容の読みから問いの解決をはかる

**1 結末部の変容から問いをつくり、そのきっかけや、ごんがこだわっていたことを「逆思考」で読み取る。**

・結末部のごんの変容から、「なぜうれしかったのか」などの問いをつくり、遡って理由を読み取る。
・その理由をまた問いに変え、さらに遡って読む。

**2 クライマックスの前後を読み、どのように変容したのかを読み取る。**

・話し手の視点の転換と、その効果について知る。
・お互いの気持ちにずれがあることをおさえておく。
・クライマックスのあとのごんと兵十それぞれの気持ちにふれると、主題に迫る読みができる。

**3 ごんにとっての「つぐない」の意味を読み取る。**

・「つぐないをしようと思ったきっかけ」を読み取る。
　きっかけ…いわしを投げこむ　＝　つぐないに、まず一ついいことをした

**4 「なぜつぐないをしなければならなかったのか」を読み取る。**

・麦をといでいる場面の、ごんの動きをとらえる。
・「ひとりぼっち」をキーワードに、兵十に心を寄せているごんの姿を読み取る。
・ごんが無償のつぐないをしていたこと、それがごんのこだわりであったことをおさえておく。

◎第３段階

## 文章全体を読むことから表現へ向かう

**1 作品の主題について考え、まとめる。**

・ごんの変容を中心として、感想文を書かせる。
・一文をもう一度書いたうえで、自分が書いた一文を説明したり、感想文を書いたりする。
・「一文で書く」を活用し、それぞれの項目をふくらませて感想を書かせる。
・ごんが「こだわったこと」は何かをテーマにして、感想を書かせる。

# 世界でいちばんやかましい音

ベンジャミン＝エルキン作
松岡　亨子訳

◆本書で元にした教科書　学校図書「小学校国語」平成二十七年度　四年下

**概要**

世界でいちばんやかましい音を聞きたがっていた王子が、生まれて初めて自然の音を聞いたことによって、沈黙の世界のすばらしさに気づく話。また、ガヤガヤの都が世界でいちばんやかましい町から世界でいちばん静かな町へと変わる。

## 教材分析の視点

### ◆「物語の10の観点」による分析

| | |
|---|---|
| 設定・題名 | いつ…ずいぶん昔<br>どこ…ガヤガヤの都 |
| 人物 | 中心人物…王子様<br>登場人物…王子様、王様、ガヤガヤの町の人々、小さな町の一人のおくさん、だんなさん、世界中の人々 |
| 文章構成 | ［はじめ］…1<br>［中］…（［はじめ］2、［中］3～6、［終わり］7）<br>［終わり］…8<br>（二重構造） |
| 繰り返し | ・対比の繰り返し（1と8の対比、2と7の対比）<br>・「別に悪気はなかったのですが、」の繰り返し |
| 中心人物のこだわり | 音への好奇心 |
| 一文で書く | 「世界でいちばんやかましい音を聞きたがっていた王子が、ガヤガヤの町が初めてしーんと静まり返ったことによって、生まれて初めて自然の音を聞き、その静けさと落ち着きを知り気に入った話。」<br>「ガヤガヤの都が世界でいちばん静かな町へと変わった話。」 |

## 教材分析　世界でいちばんやかましい音

町の人々や様子の変化

【はじめ】

1
世界でいちばんやかましい町
設定①　ガヤガヤの都の紹介
ガヤガヤの人々はやかましいことを自慢

王子様の変化

［はじめ］

2
（ところで）　設定②　ギャオギャオ王子の紹介
・やかましいのが大好きな王子様ギャオギャオ
・どんなに音をやかましくしても十分という気持ちになれない
・世界でいちばんやかましい音が聞きたい

ガヤガヤ、ギャオギャオという名前が町の特徴や人物の性格・様子をよく表している。

### 1　二重構造をもつ三部構成

大きく［はじめ］［中］［終わり］の三つのまとまりで分けられるが、［中］がさらに［はじめ］［中］［終わり］に分けられるという、二重構造になっている。中心人物である王子の変容が、2と7で対比的に述べられていて、それを囲むように1と8で町の人々や様子が変わったことが対比的に述べられているのでとらえやすい。

中心人物（いちばん大きく変わった人）は誰なのかを話し合うことで、町の変化を語る［はじめ］と［終わり］の場面の間に、王子様の変容を語る［中］の場面があり、その［中］がさらに三つの場面に分けられるという構成に気づかせる。

【中】→【終わり】

［中］→［終わり］

3 （さて）誕生日の贈り物として、王様に世界でいちばんやかましい音をせがむ王子

なぜ聞きたかったの？

4 （さあ）世界中の人々が誕生日の日にいっせいに叫ぶことを提案
ガヤガヤの町から世界中に送られたお知らせ
世界中の人々に知らせが届き、人々は賛成する

5 （ある日のこと）ある小さな町のおくさんとだんなさん
「自分たちだけ声を出さず、世界でいちばんやかましい音を聞いてみたい」
別に悪気はなかったのですが……その話が世界中の人々やガヤガヤの町に広まった

「別に悪気はなかったのですが」→伝播を強調している

6 （さて）王子の誕生日のお祝いの日　世界中が「全くの沈黙」

7 （さて）王子様は、生まれて初めて、自然の音を聞き、静けさと落ち着きを知り、すっかり気に入る

なぜ気に入ったの？

「生まれて初めて」の繰り返し→王子の変容が直接耳にしたことから抽象化されていく

8 世界でいちばん静かな町

| | 【はじめ】 | | 【終わり】 |
|---|---|---|---|
| 立札 | これよりガヤガヤの都 世界でいちばんやかましい町 | ↕ | ようこそ、ガヤガヤの都へ 世界でいちばん静かな町 |
| 人々 | わめく　どなる | ↕ | 静かに話す |
| アヒル | やかましい声 クワックワッ | ↕ | やわらかな声 クワクワ |
| 家の戸 | 大きな音 バタンバタン | ↕ | 音を立てずにすっと |
| おまわりさんの笛 | けたたましいピーッ | ↕ | やさしくそっと |
| 王子様 | とりわけやかましい 大声でわめきちらす どんどんやかましく…… もっともっとやかましい音が聞きたい | ↕ | 静けさ　落ち着き |
| 人々の歌 | 歌がある | ↕ | 歌がない |

命令、いばっている

歓迎、喜んでいる

人工の音

小鳥の歌
木の葉が風にそよぐ音
小川を流れる水の音
＝自然の音

### 2 【はじめ】と【終わり】を比較する

［はじめ］と［終わり］を比較して、登場人物の変容や物語の展開、逆転のおもしろさを読み取っていく。

［はじめ］と［終わり］で変化したものは何か、王子様の変容のきっかけは何だったのかを話し合う。一人のおくさんが思いついたことがきっかけとなり、そのことが繰り返されたことによって結末が変わったことに気づかせる。そしてそこから生まれてきたもの＝主題（人工的なものでなく自然のもののすばらしさ、初めて知った本物の美しさ、すてきなものは気づかないだけで身近にあることなど）を考えられるようにする。

### 3 物語のおもしろさ・題名に込められた作者の意図

この物語は、「設定や構造のおもしろさ」「変化や展開のおもしろさ」「繰り返し表現や言葉のおもしろさ」「題名と正反対の結末、逆転のおもしろさ」などがあるが、作者がなぜこの題名にしたのかを考え、題名と正反対の結末のおもしろさに作者の意図があることに気づかせる。また、中心人物である王子がこだわり続けたものを題名と比較して考えさせ意味づけることにより、作品のテーマに迫れるようにする。

## 単元プラン ◆「世界でいちばんやかましい音」（4～5時間）

◎第1段階

### 物語の全体像をつかみ、学習課題をつくる

**1 題名からあらすじを想像する。**

・まず、題名「世界でいちばんやかましい音」とはどんな音か、音からイメージを広げさせ、自分の想像した話と比較しながら主体的に読んでいけるようにする。

**2 物語の続きを予想する。**

・5の前「その時こくが来たら、みんなありったけの声で、・・・・さけぶことになっていました。」までを読み聞かせ、続きがどんな展開になるか予想させる。

**3 物語の全体像をつかむ。**

・全文を読み、一文「○○が△△によって□□する話」という形でまとめる。

・中心人物をおさえる。

**4 物語のおもしろさを見つける。**

・この物語のおもしろさについて語る。

・おもしろさを分類し、問いをつくる。

①設定・構造のおもしろさ、②変化・展開のおもしろさ、③表現のおもしろさ

おもしろさのひみつをさぐろう

教材の論理

### ◆ 分析から見えてくる教材「世界でいちばんやかましい音」の特徴

・**物語の設定や構造のおもしろさ**

中心人物である王子の変容と町の変化とが二重構造となって描かれ、［はじめ］と［終わり］が対照的になっている。また、ガヤガヤという町の名前がその町の特徴を、ギャオギャオという王子の名前がその人物の性格や特徴をよく表している。

・**変化や展開のおもしろさ**

題名とストーリー展開のギャップ、題名と正反対の結末になっているところ、［はじめ］と［終わり］が逆転するところにおもしろさがあり、そこに作者の意図がある。

［はじめ］と［終わり］を比較することで、人物や町の変化を読むことができる。

中心人物である王子の変容のきっかけが、「悪気はないけど自分だけなら」という人々の「繰り返しによる変化」にあり、変化したものとその因果関係を見ていくことで、主題に迫ることができる。

・**繰り返し表現や言葉のおもしろさ**

繰り返されている言葉や擬声語、擬態語などの表現が効果（リズム、強調、対比など）を生んでいる。

指導のねらい

### ◆ 教材「世界でいちばんやかましい音」では、こんな力をつける

- 物語のおもしろさに着目して、おもしろさの秘密を探る。
- 物語の設定や構成をとらえ、中心人物の変容やそのきっかけ、物語の展開や逆転のおもしろさを読み取る。
- 中心人物がこだわり続けたものや題名に込められた作者の意図を読む。
- 繰り返し表現の効果を考える。

◎第２段階

## 問いを解決するために読む

**１　設定・構造のおもしろさの秘密を探る。**

・物語の設定をとらえる。

・三部構成をとらえる。

町の変化を語る［はじめ］と［終わり］の間に、王子の変容を語る［中］があり、その［中］がさらに二つに分けられるという構成に気づく。

**２　変化・展開のおもしろさの秘密を探る。**

・［はじめ］と［終わり］を比較し変化したものを見つける。

２と７を対比して中心人物の変容をとらえる。

１と８を対比して町の変化をとらえる。

変化したものは何か、どのように変わったか、どうして変わったか（何によって変わったか）といった原因、結果（因果関係）、そして、そこから生まれてきたもの（主題）を考える。

**３　表現のおもしろさの秘密を探る。**

・繰り返されている言葉や音のもつおもしろさや効果について話し合う。

◎第３段階

## 新たな論理に気づき表現に拓く

**１　逆思考の読みを手がかりに、物語を貫いている作者の意図に迫る。**

**２　作者がなぜこの題名をつけたのか、作者の意図を考える。**

・題名と正反対の結末のおもしろさに作者の意図があることに迫る。

・結末から逆に「なぜ」と問うていくことで、やかましさと静けさという相反するものを求める王子の心の底に着目できるようにする。

・中心人物がこだわり続けたもの（はじめの王子と終わりの王子に共通するこだわり）をとらえ、意味づけられるようにする。

**３　この物語のおもしろさをまとめる。**

**４　終わりの場面に合う歌をつくる。**

・はじめの歌と対になるための条件（音数をそろえること、最後の行を擬態語や擬音語にすること、町の変化がわかるようにすることなど）を確認し、静かな町に合う歌をつくらせる。これが、評価の観点にもなる。

物語教材・5年生

# いつか、大切なところ

魚住 直子

◆本書で元にした教科書　教育出版「小学国語」平成二十七年度　五年上

……概要……

転校して一か月ほどたったある日、亮太は仲のよい友達だった一平や駿に会いに行く。とても楽しみにしていた再会だったが、実際に会ってみると、その町に住んでいたときといろいろなことが少しずつ変化していた。変わらないと思っていたことが変わっていたことで亮太は孤独感を感じる。しかし、引っ越し先の町に戻った亮太は、クラブで一緒の女の子から声をかけられたことで、この町が自分の町になっていくことに気づく。

教材分析

## いつか、大切なところ

《転校前の学校の友達である一平や駿に会いに行く電車の中》

いや、「行く」じゃなくて、「帰る」だ。

そう思うだけでむねがはずんだ。

はじめの中心人物

→自分の学校、自分の町は、引っ越す前の学校、町であると決め込んでいる。

→友達に会うのが楽しみで、むねがはずむ。

窓の外がまぶしい。

教材分析の視点

### ◆「物語の10の観点」による分析

| | |
|---|---|
| 題名 | 「いつか、」の読点に、中心人物、亮太の思いが表現されている。 |
| 設定 | 時間：一日の出来事<br>＊登場人物が、読者（児童）と同じ５年生という設定であり、共感しやすい。 |
| 文章構成 | 三部構成：<br>①転校前の学校の友達である一平や駿に会いに行く電車の中<br>②一平たちと再会して過ごし、帰りの電車の中まで<br>③自転車に乗った女の子に会う |
| 中心人物の変容 | 変容点：「そうじゃなくて、同じ学校の人だよ。名前は知らないけど、そのうちわかる。」 |
| 人物関係図 | 教材分析本文の図参照 |
| 一文で書く | 亮太が、自転車の女の子と出会うことによって、これからの自分の生活へ新たな思いを抱き始める話 |

### 1 心理描写からとらえられる中心人物の変容

中心人物、亮太の心情の移り変わりを中心軸として描いた作品であり、物語の随所に見られる心理描写から変容をとらえやすい。

前の学校の友達に会う前のむねがはずむ様子→友達と会い、一緒に過ごす中で感じた寂しさ（独りぼっちの寂しさ）→自転車の女の子との会話で感じ始める新たな生活への新たな思いと変化もとらえやすい。

中心人物の変容点も、会話文で表現され、語りの表現（「〜のだ」）も強調されており、とらえやすいといえる。

また、亮太が見ている風景の描写からも、亮太の心情の変化が読み取れる。

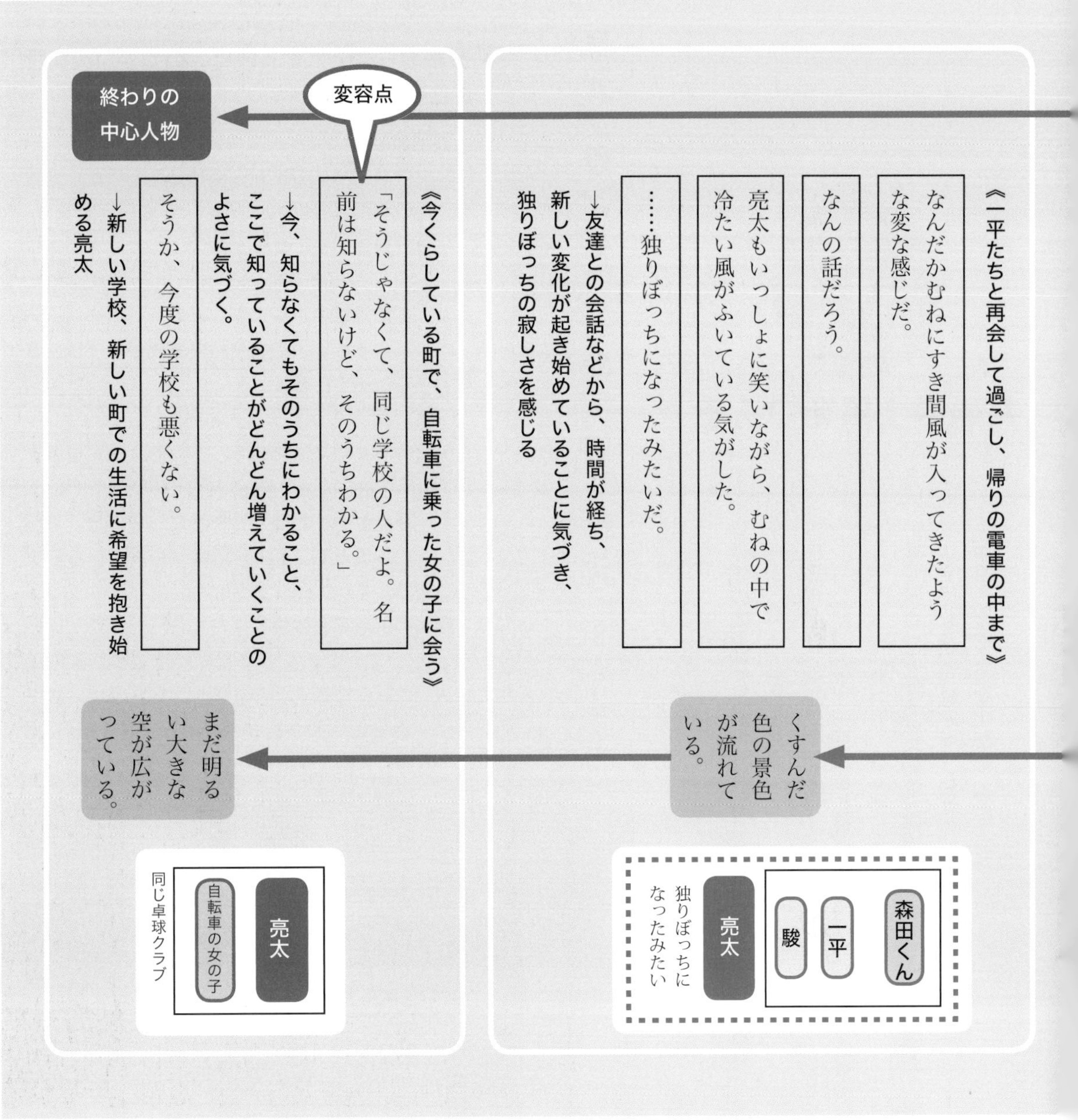
《一平たちと再会して過ごし、帰りの電車の中まで》
なんだかむねにすき間風が入ってきたような変な感じだ。
なんの話だろう。
亮太もいっしょに笑いながら、むねの中で冷たい風がふいている気がした。
……独りぼっちになったみたいだ。
↓友達との会話などから、時間が経ち、新しい変化が起き始めていることに気づき、独りぼっちの寂しさを感じる
くすんだ色の景色が流れている。
森田くん
一平
駿
亮太
独りぼっちになったみたい
変容点
終わりの中心人物
《今くらしている町で、自転車に乗った女の子に会う》
「そうじゃなくて、同じ学校の人だよ。名前は知らないけど、そのうちわかる。」
↓今、知らなくてもそのうちにわかること、ここで知っていることがどんどん増えていくことのよさに気づく。
そうか、今度の学校も悪くない。
↓新しい学校、新しい町での生活に希望を抱き始める亮太
まだ明るい大きな空が広がっている。
亮太
自転車の女の子
同じ卓球クラブ

### 2　中心人物を軸として描かれている人物関係

人物関係は、中心人物、亮太を軸として描かれている。

一平、駿、森田くんは前の学校、前の町での関係であり（過去）、自転車の女の子は新しい学校、新しい町での関係（未来）といえる。亮太自身が（今）であり、つまり、亮太は、過去と未来との関係のはざまで、心がゆれ動いているのだといえる。

人物との関係を整理していく中で、過去―現在―未来という大きな関係としてくくり、俯瞰的な視点で関係づけたい。

### 3　題名を使った価値づけ

題名には、「いつか」のあとに読点（「、」）が表現されている。読点が入ることで、中心人物の思いがここに強調されている。

読点が入るか、入らないかで、どんな違いがあるのか、その効果（よさ）を考えることに加え、題名を使って物語を価値づける。

題名をそのまま使って、「いつか、大切なところ〜」で表現させることができる。

・いつか、大切なところになる。
・いつか、大切なところができる。

## 単元プラン◆「いつか、大切なところ」（5～6時間）

◎第１段階

### 共通の土俵をつくる

1　物語の10の観点から設定（時間）・文章構成をとらえる。

・時　間…一日の出来事

・三部構成…［はじめ］転校前の学校の友達である一平や駿に会いに行く電車の中

［中］一平たちと再会して過ごし、帰りの電車の中まで

［終わり］自転車に乗った女の子に会う

2　心の移り変わりの様子がわかる表現（心理描写）から中心人物の変容をとらえる。

・抜き出した心理描写を、三部構成を観点に分類する。

・中心人物の心の変化から、変容点をとらえる。

教材の論理

### ◆ 分析から見えてくる教材「いつか、大切なところ」の特徴

**・心理描写**

中心人物「亮太」のゆれ動く心情が、物語の随所に描かれている。心理描写を集め、分類することから、亮太の心の変容をとらえることができる。また、人物の心情が、表情や態度、しぐさなどの行動に加え、情景などさまざまな物語の表現からとらえることができる。

**・中心人物との関わり（人物関係）**

中心人物だけでなく、多くの人物が登場する作品である。中心人物との関わりという観点から、登場人物を整理していく。そうすることで、過去―現在―未来という三つのくくりが見えてくる。

**・強調の読点を含む題名**

「いつか」という表現は、物語の終末にだけみられる。題名には、「いつか」のあとに、読点（「、」）が打たれている。この読点に、中心人物「亮太」の心情が表現されており、強調の意味を含んでいる。

指導のねらい

### ◆ 教材「いつか、大切なところ」では、こんな力をつける

・亮太の心の移り変わりの様子がわかる表現（心理描写）から中心人物の変容をとらえることができる。

・人物関係図に書き表すことから、過去―現在―未来といった場面のくくりをとらえることができる。

・中心人物の変容を活用し、亮太の心の移り変わりを心理描写として表現し、物語の続きをつくることができる。

## ◎第2段階

### 内容の読みから問いの解決をはかる

**1 物語の10の観点から、人物関係図にまとめる。**

・過去—現在—未来という観点で、大きな関係としてくくり、中心人物亮太の心のゆれ動きをとらえる。

**2 中心人物・「亮太」との関わりという観点で、登場人物を整理する。**

・中心人物の変容、人物関係図をもとにまとめる。

・「〜する話」の部分について、話し合う。

**3 題名を使って物語を価値づける。**

・読点の効果について話し合う。

・題名をそのまま使って、「いつか、大切なところ」のあとに続く言葉を表現する。

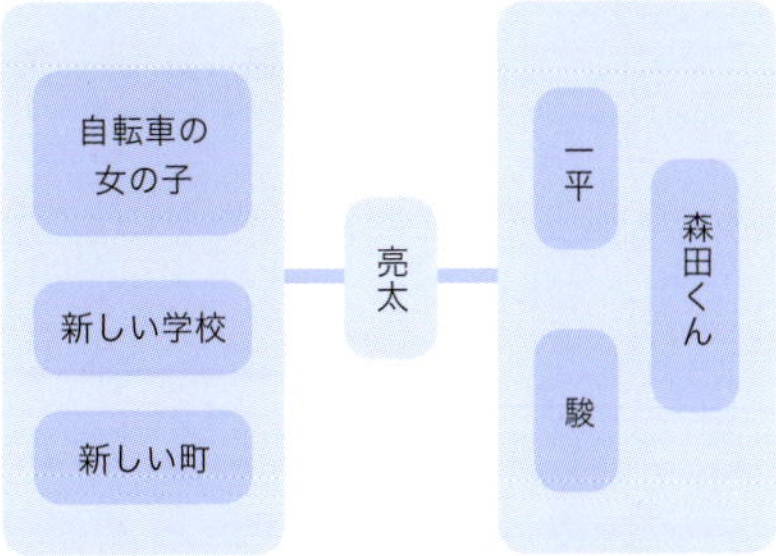


## ◎第3段階

### 文章全体を読むことから表現へ向かう

**1 物語の未来の人物関係図について、話し合う。**

・自転車の女の子との関係

・一平や駿との関係

**2 自分にとって「大切なところ」とはどこかを話し合う。**

物語教材・5年生

# なまえつけてよ

蜂飼　耳

◆本書で元にした教科書　光村図書「国語」平成二十七年度　五年

……概要……

引っこしてきた勇太と親しくなるきっかけをつかめないでいた春花は、たまたま勇太と一緒にいるときに、子馬の名前をつけることを頼まれる。春花は子馬の名前を考えたが、その子馬はよそにもらわれていくことになってしまった。せっかく考えた名前がむだになってがっかりする春花に、勇太は紙で折った馬を手渡す。そこに「なまえつけてよ」と書かれていることに気づいた春花は、勇太が自分をなぐさめようとしていることを知り、「ありがとう」とつぶやいた。

教材分析

## なまえつけてよ

設定

中心人物……春花
対人物……勇太

はじめ

1

「そうだ、名前、つけてよ。」

子馬の「名前」

題名と違い漢字

どんな名前がいいかな。頭の中に子馬のまぶしいすがたを思いえがきながら、帰り道を歩いた。

道の角から、ふらりと勇太が現れた。ひと月前に、引っこしてきた。

話しかけても、勇太はあまりしゃべらない。

親しくなるきっかけは、なかなかつかめなかった。

### 教材分析の視点

◆「物語の10の観点」による分析

| | |
|---|---|
| 設定・題名 | 本文にある「名前、つけてよ」と題名にもなっている「なまえつけてよ」のニュアンスの違いを読む。 |
| 人物 | ・中心人物…春花<br>・対人物……勇太<br>・その他の登場人物…陸・牧場のおばさん |
| 出来事・事件 | ・牧場のおばさんから「子馬の名前をつけてよ」と頼まれたこと。 |
| 中心人物のこだわり | 「なまえ」をつけたい |
| 一文で書く | 春花が紙の馬を受け取ることによって、勇太と親しくなるきっかけをつかめた話。 |

1　**大きく二つの場面でとらえ、話題、構成、あらすじ、変容の概要をつかむ。**

・場面1、物語は二つの出会いから始まった。

■子馬との出会い

…見慣れない子馬がいることに気づいた。その美しい目にすいこまれそうな気がした。

■学校外での勇太との出会い

…道の角からふらりと勇太が現れた。

…勇太はひと月前に遠くの町から引っ越してきた。

　この二つの出会いが物語の核となり、その後の変容へとつながっていく。

　さらに題名の「なまえつけてよ」のきっかけとなる牧場のおばさんの言葉にも着目させたい。

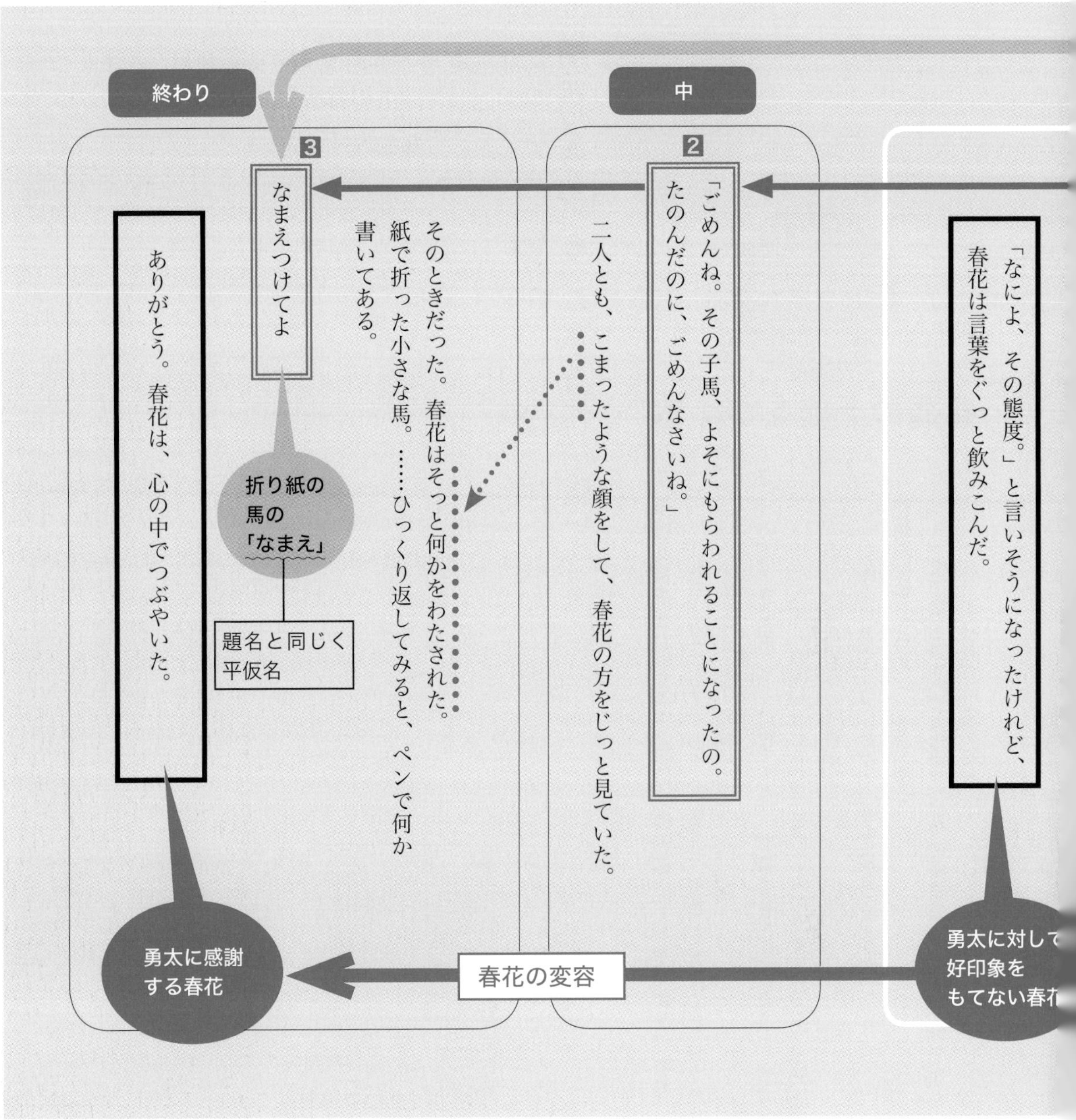

終わり
中
「なによ、その態度。」と言いそうになったけれど、春花は言葉をぐっと飲みこんだ。
勇太に対して好印象をもてない春
2
「ごめんね。その子馬、よそにもらわれることになったの。たのんだのに、ごめんなさいね。」
二人とも、こまったような顔をして、春花の方をじっと見ていた。
3
なまえつけてよ
そのときだった。春花はそっと何かをわたされた。紙で折った小さな馬。……ひっくり返してみると、ペンで何か書いてある。
折り紙の馬の「なまえ」
題名と同じく平仮名
ありがとう。春花は、心の中でつぶやいた。
勇太に感謝する春花
春花の変容


■勇太からわたされた紙の馬との出会い
…「なまえつけてよ」。

春花が勇太のやさしさを知る。勇太と仲よくなるきっかけとなる。

**2 変容した理由を場面2を中心に追うことで因果関係をつかむ。**

場面2では、ある出来事が起きる。せっかく春花が子馬の名前を考えて、はりきって牧場にやってきたのに、それが無駄に終わってしまうのだ。

牧場のおばさんと春花との会話や春花の行動描写から、春花のがっかりした気持ちと、春花にかける言葉もなく見守る勇太と陸の気持ちが想像できる。

・この出来事をしっかり読み込むことにより、春花の変容の理由をつかみ、場面3での展開につながることを意識させたい。

**3 物語の主題である中心人物の変容をおさえる。**

場面3での読みをもとにして、もう一度中心人物の変容についてまとめていく。

「名前」と「なまえ」を書き分けていることからも、紙の馬に書かれた「なまえつけてよ」が、春花にとって大きな意味をもつことがわかる。

## 単元プラン◆「なまえつけてよ」（4時間）

◎第1段階

### 共通の土俵をつくる

**1 多様な音読をとおして、物語全体のあらすじや概要をつかむ。**

・会話文を抽出して、カードに書き、順番どおりに並べ替えたり、誰の言葉かを当てたりするアニマシオン的活動を行ったりする。

**2 10の観点を活用し、人物や設定、出来事をとらえる。**

・中心人物・対人物をとらえ、その二人の距離感がどのように変わっていくかを予想しながら読む。
・中心人物の変容の概要を読む。
・全体を大きく三つに分けて、文章構成をつかむ。

**3 物語全体をとらえ、一文で書く。**

・一文で書き表すことにより、全体の概要をとらえるだけでなく、中心人物の変容を読み取ることにつながる。また、子どもの一文を見ると、どれだけ読み取れているかも把握できる。

教材の論理

### ◆分析から見えてくる教材「なまえつけてよ」の特徴

**○題名から発見がある**

物語の題名は、通常は「登場人物の名前」「主題に関わる言葉」「物語上重要な役割をもつもの」などに分けられるが、この物語では中心人物の変容のきっかけとなる事柄が題名になっている。読み進むうちにそれがわかるおもしろさがある。

**○中心人物の変容がとらえやすい**

三つに分けた場面の1と3を比べて読むと、その変容がよくわかる。出来事や会話を追って読んでいくと変容の過程もつかみやすい。

**○登場人物同士の関係や設定がわかりやすい**

中心人物である春花の視点から描かれているが、４人の登場人物の関係や、勇太との距離感が場面とともに変わっていく様子がわかりやすく書かれている。

また、冒頭の設定「いつ・どこで・誰が・何をしていたのか」も、とらえやすい。

指導のねらい

### ◆教材「なまえつけてよ」では、こんな力をつける

・題名に着目し、なぜこの題名なのかを話し合ったりする中で、物語のイメージを広げ、答えを読み解こうとする意欲を引き出す。
・中心人物の変容をとらえ、どんな出来事をとおして、どのように変容していったのか、その因果関係を読み取る。

◎第 2 段階

## 変容を読み取り、因果関係をつかむ

1 中心人物の変容を読む。

・中心人物である春花の気持ちが変容しているか、変容していないかについて、場面1と場面3を読み比べて、明確にする。

2 因果関係を詳しく読み取る。

・「変容したのはなぜか」について、会話や行動描写を手がかりに、詳しく読み取り、その因果関係を明らかにする。場面3での結果から逆思考で考えていくのもおもしろい。

・因果関係を探るうちに、なぜ題名が「なまえつけてよ」なのかもわかってくる。

3 登場人物の人物像について考える。

・〈例〉勇太…無愛想・実は活発で元気・優しい

などが挙げられると思うが、いずれも根拠をもって考えさせる。

◎第 3 段階

## 文章全体を読むことから表現に向かう

1 全体を振り返りながら、中心人物の変容をまとめる。また学習したことをもとに、表現活動を設定し活用化を図る。

・もう一度、文章全体を振り返り、変容の過程をノートにまとめ、変容→変容の訳→変容後の中心人物の気持ちを確認する。作品のおもしろさや良さについても話し合う。

・勇太の優しさを、「なまえつけてよ」の言葉を使って書かせる。

# 海のいのち

立松 和平

◆本書で元にした教科書　東京書籍「新しい国語」平成二十七年度　六年

**概要**

父もその父も、その先ずっと顔も知らない父親たちと同じように海に暮らす太一は、漁師になり父といっしょに海に出ることが夢だった。しかしその父は、大きなクエを捕ろうとして死んでしまう。与吉じいさのもとで漁師になった太一は、父が死んだ瀬で、瀬の主であるクエと出会う。太一はクエを捕ろうとするが、あまりにおだやかなクエを見るうちに、クエがこの海のいのちだと思うようになり、「おとう、ここにおられたのですか。」と、クエを殺すことをやめるのだった。

**教材分析の視点**

### ◆「物語の10の観点」による分析

| | |
|---|---|
| 人物 | 中心人物…太一<br>対人物…おとう、与吉じいさ |
| 出来事・事件 | 追い求めていた瀬の主（クエ）と対峙するが、仕留めなかったこと。 |
| 中心人物のこだわり | 一人前の漁師になること。 |
| 一文で書く | 一人前の漁師になりたかった太一が、大魚が海のいのちだと思ったことによって、村一番の漁師であり続けた話。 |

教材分析

## 海のいのち

◆中心人物と対人物の関わり

| 父 | | 与吉じいさ |
|---|---|---|
| 「海のめぐみだからなあ。」 | **象徴的な言葉** | 「千びきに一ぴきでいいんだ。」 |
| ・大物をしとめてもじまんしない。<br>・不漁が続いても変わらない。 | **象徴的な行動** | ・毎日、二十匹とると道具を片づける。<br>・一本づりへのこだわり |
| ・瀬（水中）で<br>・ロープを体に巻き付けて | **最期** | ・自宅で<br>・毛布をのどまでかけて |
| ・「ぼくは漁師になる。おとうといっしょに海に出るんだ。」<br>・とうとう父の海にやってきたのだ。<br>・この魚（父を破った瀬の主）をとらなければ、本当の一人前の漁師にはなれないのだと、太一は泣きそうになりながら思う。<br>・クエがおとうだと思えてきた。<br>**一人前の漁師へのあこがれ** | **太一とのつながり** | ・おかげさまでぼくも海で生きられます。<br>・千びきに一匹しかとらないのだから海のいのちは全く変わらない。<br>**一人前の漁師としての生き方** |

### 1 人物相互の関わりを読む

中心人物の太一の成長には、父と与吉じいさの影響が大きい。父と与吉じいさの人物像を、「象徴的な言葉」「象徴的な行動」という観点で表にまとめる。これによって太一と二人の人物像を対比的にとらえることができる。

ここに太一の言動や行動を重ね合わせると、太一の成長と二人の人物の関わりがとらえやすい。

また、太一が父親の死んだ瀬にもぐると言い出すことを案じ、「おそろしくて夜も眠れないよ。」と話していた母親が、「おだやかで満ち足りた美しいおばあさんになった」ことからも、太一が漁師としてだけではなく、人間的にも成長したことを読み取ることができる。

ぼくは漁師になる。おとうといっしょに海に出るんだ。」

瀬の主と呼ばれるクエに敗れる。

↓

**太一**…与吉じいさの弟子になる。

太一の父が死んだ瀬に毎日一本づりに行っている

瀬の主に会えるかもしれない。瀬の主に会いたい。

↓

村一番のもぐり漁師だった父でもとらえることができなかった瀬の主を仕留めることは、父を超えることになる。

↕ 矛盾

巨大なクエを岩の穴で見かけたのに、もりを打たない。

**命のつながり**

「水の中で太一はふっとほほえみ」
「大魚は海のいのちだと思えた」

「やがて太一は村のむすめと結こんし、子供を四人育てた。男と女と二人ずつで、みんな元気でやさしい子供たちだった。」

太一は村一番の漁師であり続けた。

（冒頭の一文）
父もその父も、その先ずっと顔も知らない父親たちが住んでいた海に、太一もまた住んでいた。

### 2 太一の変容を読む

太一が巨大なクエを追い求めた理由を、「父の敵を討つ」と考える子どももいる。しかし、「村一番のもぐり漁師と言われた父親でさえもとらえることができなかった瀬の主を仕留めることが一人前の漁師の証だと考えたから」と読むのが妥当であろう。このことは、巨大なクエと対峙した場面の「この魚をとらなければ、本当の一人前の漁師にはなれない」という叙述からも読み取れる。

それに対して、追い求めてきた瀬の主が目の前にいるにもかかわらず、もりを打たないことは矛盾した行動である。

太一は、目の前の瀬の主を「おとう」だと思うことによって、葛藤する自分に折り合いをつける。「…太一は泣きそうになりながら思う。」から「水の中で太一はふっとほほえみ…」と変容する。ここが心の転換点である。

この葛藤する様子を丹念に読むことで、追い求めてきたクエにもりを打たない太一の変容をとらえることができる。

### 3 冒頭の一文の意味

冒頭の一文は、「海のいのち」を漁師たちがずっと守り続けてきたことを意味する。そして結末から、太一も父となり次へ受け継いでいく「命のつながり」を読むこともできる。

## 単元プラン◆「海のいのち」（6時間）

### ◎第1段階 共通の土俵をつくる

1 全文を音読し、物語のあらすじをつかむ。

2 作品の設定や登場人物をおさえる。

・設定（時・場所）をおさえる。

・人物（登場人物・中心人物）をおさえる。

3 物語を3つに分け、全体の構成をつかむ。

・はじめ・中・終わりに分けることをおさえる。

［はじめ］…作品の設定や中心人物の紹介、状況説明の部分。

→「父もその父も、その先ずっと顔も知らない父親たち…」〜

［ 中 ］…中心人物と対人物が出会い、関わり合う部分。事件が展開する部分。

→「中学校を卒業する年の夏…」〜

［終わり］…中心人物が変容したあとのことが書かれている部分。

→「やがて太一は村のむすめと結こんし…」〜

教材の論理

### ◆分析から見えてくる教材「海のいのち」の特徴

**・メッセージ性の高い題名**

本文中で「海のいのち」は、「大魚はこの海のいのちだと思えた。」「千びきに一ぴきしかとらないのだから、海のいのちは全く変わらない。」の二回出てくる。人物相互の関わりや中心人物の変容とその因果関係と関連づけて考えることで、題名が象徴する作品のメッセージが見えてくる。

**・山場の場面での中心人物の変容**

追い求めていた瀬の主と対峙する山場の場面では、中心人物が葛藤する様子や劇的に変容する様子が見事に描かれている。さらにクライマックスの一文を検討することで、中心人物の変容とその因果関係を読み取らせることができる。

**・人物相互の関わりと象徴的な表現**

この作品には、一人前の漁師となることを夢見る太一の成長が描かれている。太一は父や与吉じいさの生き方や考え方の影響を強く受け、母や「瀬の主」とよばれるクエとの関わりも含めて、さまざまな関わりをとおして成長していく。「海のめぐみ」「海に帰る」「千びきに一ぴき」など、その人物を象徴するような表現と合わせて読むことで、中心人物の変容の因果関係が見えてくる。

指導のねらい

### ◆教材「海のいのち」では、こんな力をつける

・クライマックスを検討することで、中心人物の変容とその因果関係をとらえる。

・人物関係図や表から、人物相互の関わりをとらえる。

・中心人物がこだわっているもの・ことを明らかにすることで、中心人物の生き方や考え方をつかむ。

◎第２段階

## 内容の読みから問いの解決をはかる

**１　物語の展開・事件をおさえる。**

**２　登場人物の人物像をまとめる。**

・おとう（太一の父）と与吉じいさを対比的に読み、表にまとめる。

・象徴的な言葉と行動を関連づけることで、生き方や考え方をおさえる。

**３　人物相互の関わりを読む。**

・表をもとにしながら、太一と父、太一と与吉じいさの関わりを読む。

・太一と父、与吉じいさと共通する考え方、生き方を読み取る。

**４　クライマックスを検討する。**

・太一の気持ちが大きく変化したところはどこかを考える。

・瀬の主と対峙したときの太一の葛藤する心を読み、なぜ、瀬の主にもりを打たなかったのかを考える。

１　もぐり漁師だった父を亡くした太一
２　与吉じいさの弟子になる太一
３　与吉じいさの死に直面する太一
４　瀬にもぐり始める太一
５　瀬の主と出会う太一
６　村一番の漁師であり続けた太一

◎第３段階

## 文章全体を読むことから表現へ向かう

**１　中心人物がこだわり続けたものは何かを考える。**

・太一の幼少のころからの夢や与吉じいさに弟子入りしたこと、瀬の主にもりを打たなかったことなどと関連づけて考える。

**２　物語を一文で書く。**

・「初めの中心人物が大きな事件・出来事によって変容後の中心人物になる話」という形でまとめる。

**３「海のいのち」が象徴するメッセージについて考える。**

・題名に込められたメッセージを考え、自分の言葉でまとめる。

物語教材・6年生

# その日、ぼくが考えたこと

重松 清

◆本書で元にした教科書　学校図書「小学校国語」平成二十七年度　六年下

**概要**

小学六年生の「ぼく」は、夕食のときに見ていたテレビニュースがきっかけで、「幸せ」について考え始める。夕食後、犬のシロと散歩に出かけた「ぼく」は、多くの人々が、幸せになったり不幸せになったりを繰り返しながら暮らしているのかもしれないと考える。普段は考えない、そんなことを考えるのもたまにはいいだろう。自分の誕生日という特別な一日だから……。

## 教材分析

どんな日？いつ？

**その日、ぼくが考えたこと**

どんなことを考えたの？

**1 テレビのニュース　悲しいニュース** →①
- 小学校六年生の男の子
- トラックに巻きこまれてなくなる
- 名前はシュウタ君
- 野球帽をかぶり、Vサインをつくって笑う写真
- 即死

- まさか自分が死ぬなんて思わなかっただろう
- 自分と同じ六年生
- 家族や友達とも会えない
- 夕食は？

ぼく
- 小学六年生
- 家族三人
- ヒロ君

「家族三人、元気でそろっているのが**いちばんだよなあ**」

「そうよ、ほんとうに幸せなのよ」

夕食

家族三人

今夜の夕食はぼくの大好物の焼き肉

**生きていることの幸せ**

**2 ニュース…海外コーナーへ　餓死と伝染病に苦しむアフリカ** →②
- ガリガリにやせた幼い女の子
- おなかだけポコンとつき出た
- 顔のハエを手ではらう力もないようだ

- もしもニッポンに生まれていたら…
- もしもぼくがあの子の国に生まれていたら…
- 笑えなくなって…
- 「ニッポンに生まれると幸せなの？」

「そりゃあ、そうよ」

「どうなんだろうなあ、よくわからないなあ、それは」

「**幸せ**っていうのもいろいろあるからなあ」

← **自分の幸せ**

### 教材分析の視点

**◆「物語の10の観点」による分析**

| | |
|---|---|
| 設定・題名 | （設定）<br>・「今日が特別な日（誕生日）である」ことが、結末まで明らかにされず、謎解きの仕掛けとなっている。<br>・場面がいくつかのテレビ番組等を中心とした構成である。<br>（題名）<br>・題名が謎解きの仕掛けとなっている。<br>・「その日、ぼくが考えたこと」って、「どんな日か？」「考えたこととは？」というように題名を問いの文にすることで、読みの方向を明確にする。 |
| 「中心人物の変容」と「中心人物のこだわり」 | ・「幸せ」を中心テーマとして、その変化を追っている。<br>・「幸せ」「不幸」の言葉の繰り返しによって、こだわりがわかる。 |
| 繰り返し | ・テレビ番組の繰り返しによって、「幸せ」についての変化が読める。<br>・「幸せ」という言葉の繰り返しによって、その変化が読める。 |

### 1 題名から

題名『その日、ぼくが考えたこと』には、「どんな日？」「考えたことは？」というように物語を読んでいくための方向が示されている。

また、その答えが明らかにされるのは、作品を最後まで読み終わったときで、読者は謎解きのおもしろさを味わうことができる。

その一つの方法として、物語最後の5行を伏せて読ませることで、謎解きのおもしろさや中心人物の変容、そして作品の主題を読んでいくことができる。

題名の内容を考えていくことは、中心人物の変容を知るとともにその内容を表現するという表現活動へと発展させることができる。

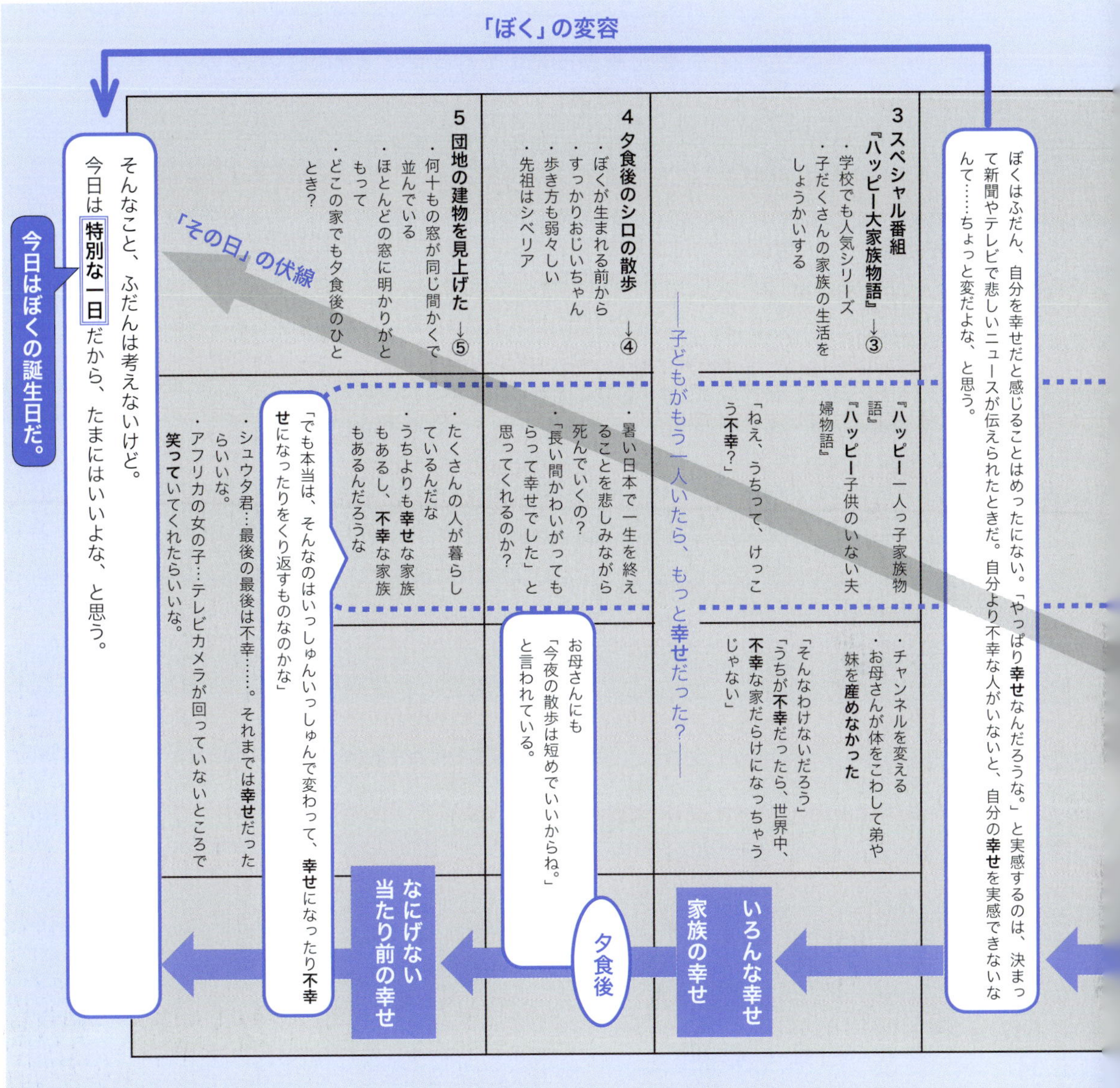

「ぼく」の変容
ぼくはふだん、自分を幸せだと感じることはめったにない。「やっぱり幸せなんだろうな。」と実感するのは、決まって新聞やテレビで悲しいニュースが伝えられたときだ。自分より不幸な人がいないと、自分の幸せを実感できないなんて……ちょっと変だよな、と思う。
3 スペシャル番組『ハッピー大家族物語』↓③
・学校でも人気シリーズ
・子だくさんの家族の生活をしょうかいする
『ハッピー一人っ子家族物語』

『ハッピー子供のいない夫婦物語』

「ねえ、うちって、けっこう不幸?」
・チャンネルを変える
・お母さんが体をこわして弟や妹を産めなかった
「そんなわけないだろう」
「うちが不幸だったら、世界中、不幸な家だらけになっちゃうじゃない」
いろんな幸せ
家族の幸せ
——子どもがもう一人いたら、もっと幸せだった？——
4 夕食後のシロの散歩 ↓④
・ぼくが生まれる前から
・すっかりおじいちゃん
・歩き方も弱々しい
・先祖はシベリア
・暑い日本で一生を終えることを悲しみながら死んでいくの？
・「長い間かわいがってもらって幸せでした」と思ってくれるのか？
お母さんにも「今夜の散歩は短めでいいからね。」と言われている。

夕食後
5 団地の建物を見上げた ↓⑤
・何十もの窓が同じ間かくで並んでいる
・ほとんどの窓に明かりがともって
・どこの家でも夕食後のひととき？
・たくさんの人が暮らしているんだな
・うちよりも幸せな家族もあるし、不幸な家族もあるんだろうな
「でも本当は、そんなのはいっしゅんいっしゅんで変わって、幸せになったり不幸せになったりをくり返すものなのかな」
・シュウタ君…最後の最後は不幸……。それまでは幸せだったらいいな。
・アフリカの女の子…テレビカメラが回っていないところで笑っていてくれたらいいな。
なにげない当たり前の幸せ
「その日」の伏線
そんなこと、ふだんは考えないけど。
今日は特別な一日だから、たまにはいいよな、と思う。
今日はぼくの誕生日だ。


## 2 設定による謎解きのおもしろさ

物語の設定のおもしろさを読むことができる。

・三つのテレビ番組、夕食後のシロの散歩、そして団地の建物を見上げるという場面の設定が明確であり、それぞれの場面での「ぼく」の言葉から作品のテーマに迫ることができる。

①悲しい事故のニュース（「生きていることの「幸せ」について考える）、②アフリカの幼い女の子のニュース（ニッポンに生まれた自分の「幸せ」について考える）、③スペシャル番組（いろんな「幸せ」と家族の「幸せ」について考える）、④飼い犬の散歩（飼い犬の「幸せ」について考える）、⑤団地の建物を見上げた（なにげない当たり前の「幸せ」に気づく）

・最後の五行における効果が謎解きのおもしろさを助長する。この五行によって、題名の意味も内容も解けてくる。

・特別な日に特別なことを考える設定、そして、中心人物の成長、変容を読むことができる。

## 3 物語の伏線を読む

謎解きのおもしろさは、伏線を読んでいくことのおもしろさでもある。この作品では、「どんな日?」「どんなことを考えたのか?」という問いの答えを導き出すための伏線が張られている。二つの問いの答えの伏線として次のようなことが挙げられる。

・「ぼくはふだん、自分を幸せだと感じることはめったにない。……自分の幸せを実感できないなんて……ちょっと変だよな、と思う」

## 単元プラン◆「その日、ぼくが考えたこと」（5〜6時間）

◎第1段階

### 共通の土俵をつくる

1 作品全体を読む。

・題名「その日、ぼくが考えたこと」から問いの文をつくり読みの方向をもつ。

・「その日とは、どんな日か？」「ぼくは、どんなことを考えたのか？」

・中心人物「ぼく（ヒロ君）」、家族（お父さん・お母さん）という人物を読む。

・五つの場面の設定を読む

①悲しい事故のニュース　②アフリカの幼い女の子のニュース

③スペシャル番組　④飼い犬との散歩　⑤団地の建物を見上げた

教材の論理

◆ **分析から見えてくる教材「その日、ぼくが考えたこと」の特徴**

・**題名から謎解きのおもしろさを……**

題名が「作品の山場」と「作品の主題」の表現となっていることで、「その日とは？」「ぼくが考えたことは？」というような読みの方向を明確にするとともに、謎解きのおもしろさが表現されている。そして、作品を読んでいくための読者の興味・関心を強くする効果をもっている。

・**設定のおもしろさを……**

場面設定とそれぞれの場面での中心人物の反応がはっきりと読めるので、その変化が読みやすくなっている。さらに、中心人物の反応と言葉によって作品のテーマが見えてくる。

①悲しい事故のニュース……生きていることの「幸せ」

②アフリカの幼い女の子のニュース……ニッポンに生まれた自分の「幸せ」

③スペシャル番組……家族の「幸せ」といろんな「幸せ」

④飼い犬シロの散歩……飼い犬シロの「幸せ」

⑤団地の建物を見上げた……なにげない、当たり前の「幸せ」

・**伏線のおもしろさを…**

謎解きのおもしろさを助長するのが、伏線のおもしろさである。

・「今夜の夕食は、ぼくの大好物の焼き肉」……なんで？

・「自分の幸せを実感できないなんて……ちょっと変だよな、と思う」……なんで実感できないの？

・「幸せになったり不幸せになったりをくり返す」

・「そんなこと、ふだん考えないけど。今日は特別な一日だから、……」

というような伏線の場で、読者は立ち止まってさまざまな思いをもつ楽しさがある。

指導のねらい

◆ **教材「その日、ぼくが考えたこと」では、こんな力をつける**

・**題名を解き明かすことで題名に込められた「作品の山場」「作品の主題」を読むことができる。**

・**伏線をおさえて読んでいくことで場の設定の必然性を読むことができる。**

・**中心人物と対人物の対話、そして場面の設定によって、中心人物の変容を読むことができる。**

◎第2段階

## 内容の読みから問いの解決をはかる

**1 五つの場面と「ぼく」の関わりを読む。**

それぞれの場面での「ぼく」のこだわりを読む。

①悲しい事故のニュース…………生きていることの「幸せ」
②アフリカの幼い女の子のニュース…ニッポンに生まれた自分の「幸せ」
③スペシャル番組…………………家族の「幸せ」といろんな「幸せ」
④飼い犬の散歩……………………飼い犬の「幸せ」
⑤団地の建物を見上げた…………なにげない、当たり前の「幸せ」

**2 物語の伏線を読む。**

次の内容を考えることで伏線のつながりをとらえる。

・「今夜の夕食は、ぼくの大好物の焼き肉」
・「ぼくはふだん、自分を幸せだと感じることはめったにない。……自分の幸せを実感できないなんて……」
・「幸せになったり不幸せになったりをくり返す」
・「今日は特別な一日だから……」

**3 問いを解決する。**

・「その日とは？」…………「特別な一日」「ぼくの誕生日」
・「考えたこととは？」……「さまざまな幸せ」と「ぼくの幸せ」

◎第3段階

## 文章全体を読むことから表現へ向かう

**1 中心人物「ぼく」の心の変容を表現する。**

中心人物の変容を読むことが問いに対する答えを明らかにすることであり、作品の主題を読むこととなる。

・中心人物のこだわりや繰り返し出てくる言葉「幸せ」を手がかりとさせる。
・物語の結末と伏線を関連させて、「特別な一日」をとらえる。

以上の二点を共通理解して、「ぼくが考えた」内容を次の言葉を使って表現させる。

・こだわりとしての「幸せ」
・今日が「ぼくの誕生日」で「特別な一日」
・「ふだんは、考えないけど」

# 教材分析の基本は視写

**白石**　田島先生は教材分析をするとき、何から手をつけますか？

**田島**　私は視写から始めることが多いですね。

**白石**　ああ、確かに視写はいいですね。読むだけだと、ついつい読み飛ばしてしまうことがありますからね。

**田島**　そうなんですよ。書き写すためには、句読点の有無や、漢字にするのか、ひらがなで書くのか……といったことを注意深く読まなければなりませんからね。

　例えば、５年生の教材に「なまえつけてよ」という物語があります。主人公の春花は物語の中で「名前をつけてほしい」ということを２回言われます。１回目は牧場のおばさんに子馬の名前を頼まれます。２回目はなかなか仲よくなるきっかけをつかめないでいた勇太に折り紙の馬を渡されたときです。

　おもしろいのは、おばさんに頼まれたときの表記は「名前、つけてよ」なんですが、折り紙の馬の裏に書かれていたメッセージは「なまえつけてよ」。音としては同じなのでただ読んでいるだけだと気づきにくいのですが、書き写すつもりで読んでいくと「おやっ」となるわけです。

**白石**　そして題名に立ち戻ってみると「なまえつけてよ」だと……。

**田島**　そう。作者が意図的に書き分けているんです。これを子どもたちの問いにつなげていくことができるな……と。

**白石**　じゃあ、教材は必ず全部視写しているんですか？

**田島**　さすがにそれは無理ですね。短めのものは全文視写しますが、長いときには一部分でもいいと思います。白石先生も視写されますか？

**白石**　もちろん、しますよ。私はノートに視写するだけでなく、パソコンに打ち込むこともあります。以前に分析したことのある教材でも、改めて視写してみると見えてくるものがたくさんあります。「言葉の使い方が自分の感覚と違うな」とか、「文末がずっと『ます』なのに、ここだけ『ました』だな。何か理由があるのかな」といった具合に引っかかることが出てくるのも、視写をすればこそですね。

白石範孝×田島亮一
筑波大学附属小学校教諭　晃華学園小学校校長

# 第2章 説明文教材の分析

説明文教材・1年生

# うみの　かくれんぼ

◆本書で元にした教科書　光村図書「こくご」平成二十七年度　一年上

・・・・概要・・・・

海の生き物のかくれんぼを、はまぐり、たこ、もくずしょいを事例に挙げ述べている。それぞれの生き物について、かくれる場所、生き物の特徴、かくれ方の順に、三文で説明をしている。生き物の特徴の違いにより、かくれる場やかくれ方に違いがあることを述べている。

教材分析

## うみのかくれんぼ

❶段落

うみには、いきものがかくれています。…話題提示

なにが、どのようにかくれているのでしょうか。…問い（全体を貫く問い）

「どこに」「どうやって」の二つ

❷段落

はまぐりが、すなのなかにかくれています。…かくれる場所

❸段落

はまぐりは、大きくてつよいあしをもっています。…生き物の特徴

すなのなかにあしをのばして、すばやくもぐってかくれます。…かくれ方

この順序の繰り返し（順序性）

教材分析の視点

### ◆「説明文の10の観点」による分析

| | |
|---|---|
| 問いと答え | ❶段落が問いで、答えが三つある。 |
| 文章構成 | ・[はじめ]…❶段落<br>・[中]1…❷❸段落<br>・[中]2…❹❺段落<br>・[中]3…❻❼段落<br>＊[終わり]の段落がない。 |
| 比較しているもの・こと | 「はまぐり」と「たこ」と「もくずしょい」のかくれ方 |
| 形式段落の主語 | ❶段落…いきもの<br>❷、❸段落…はまぐり<br>❹、❺段落…たこ<br>❻、❼段落…もくずしょい |

1 **まとまりでとらえる**

文章全体のまとまりは、形式段落の主語を手がかりにすれば、「中」の部分の三つのまとまりがとらえやすくなっている。また、内容の読みもそれぞれの「場所」「特徴」「かくれ方」を比較することで、違いがわかりやすくなっている。

2 **「中」のまとまりが三つあり「終わり」がない**

文章全体のまとまりをとらえるために、まず「〜でしょうか」という文を手がかりに「問い」の文を見つけさせる。次に、「なにのかくれんぼ」について書いてあるかを、出てくるものが「はまぐり」「たこ」「もくずしょい」の三つである

**❹段落** たこが、うみのそこにかくれています。 …かくれる場所

**❺段落** たこは、からだのいろをかえることができます。 …生き物の特徴
まわりとおなじいろになって、じぶんのからだをかくします。 ……かくれ方

**❻段落** かにのなかまのもくずしょいが、いわのちかくにかくれています。 …かくれる場所

**❼段落** もくずしょいは、はさみで、かいそうなどを小さくきることができます。 …生き物の特徴
かいそうなどをからだにつけて、かいそうにへんしんするのです。 …かくれ方

**違いを表に整理すると**

| いきもの | 段落 | かくれる場所 | 生き物の特徴 | かくれ方 |
|---|---|---|---|---|
| はまぐり | ❷❸ | すなのなか | 大きくてつよい足 | すなのなかにあしをのばしてすばやくもぐる |
| たこ | ❹❺ | うみのそこ | からだのいろをかえる | まわりとおなじいろになってかくれる |
| もくずしょい | ❻❼ | いわのちかく | はさみでかいそうなどを小さくきる | かいそうなどをからだにつけてかいそうにへんしんしてかくれる |

それぞれの生き物の特徴の違いが、かくれる場所やかくれ方の違いを生んでいるんだね。

ことを見つける。

**3 「中」のまとまりを表に整理する**

それぞれの内容を表にして、「かくれる場所」「生き物の特徴」「かくれ方」を比較して読んでいく。表に整理する段階では、表の縦軸や横軸の項目を一年生の初めの段階であることを考慮し、指導者とともにつくっていく。表を整理していくうちに、三つの生き物のかくれ方の違いに気づくようにする。

**4 文章全体の流れを生かす**

三つの生き物のかくれ方の違いが明らかになったところで、「わたしはだれでしょうクイズ」をする。学習したことを生かし、その生き物になって「かくれる場所」「特徴」「かくれ方」をヒントとして出し、「わたしはだれか」を考える活動をする。

## 単元プラン◆「うみのかくれんぼ」（8時間）

◎第1段階

### 共通の土俵をつくる

1 繰り返し音読をして、文章全体の内容を把握する。

・題名「うみのかくれんぼ」から、海の生き物のかくれんぼの仕方の説明であることをおさえる。

2 文章全体をまるごと読むために、どんなまとまりがいくつできるかをとらえ、段落の構成を読む。

・7段落構成の文章であることをおさえる。

・❶話題提示・問い、❷❸「はまぐり」、❹❺「たこ」、❻❼「もくずしょい」という四つのまとまりをおさえる。

3 文章の内容の大体を読むために「問い」を手がかりとして、「はまぐり」と「たこ」と「もくずしょい」のかくれ方の違いを比較していることを読む。

教材の論理

### ◆ 分析から見えてくる教材「うみのかくれんぼ」の特徴

・全体を貫く問い　❶段落

「うみには、いきものがかくれています。」と話題提示をし、次に「なにが、どのようにかくれているのでしょうか。」の問いに続く。そして、この問いに対する答えが、❷、❸段落のはまぐり、❹、❺段落のたこ、❻、❼段落のもくずしょいという構成になっている。

・[中]のまとまりがとらえやすい。

[中]のまとまりは、形式段落の主語によって明確にとらえることができる。

・❷、❸段落…はまぐり

・❹、❺段落…たこ

・❻、❼段落…もくずしょい

・それぞれの生き物について三文で説明されている。

それぞれの説明内容が、「かくれる場所」「生き物の特徴」「かくれ方」の順に説明されている。それぞれの生き物の特徴の違いが、かくれる場所やかくれ方の違いを生んでいる。

・生き物のかくれ方の違いがはっきりしている。

はまぐりは「もぐる」、たこは「変色する」、もくずしょいは「変身する」というようにかくれ方の違いがはっきりしている。

指導のねらい

### ◆ 教材「うみのかくれんぼ」では、こんな力をつける

・形式段落の主語のまとまりから、段落のまとまりをとらえる。

・三つの事例を比較することで、それぞれのかくれ方の違いを読み取る。

・三つの事例を読み取るために表に整理してまとめる。

・三つの生き物の特徴とかくれ方の違いのつながりを読み取る。

◎第２段階

## 内容の読みから問いの解決をはかる

1　「問い」の文を見つけ、どんな生き物が出てくるか確認する。

・「問い」の文…❶なにが、どのようにかくれているのでしょうか。

・生き物………❷・❸段落…はまぐり、❹・❺段落…たこ、❻・❼段落…もくずしょい。

2　「はまぐり」のかくれんぼについて考える。

・はまぐりの説明は、三文で示されていることと、その順序性をおさえる。

一文目…かくれる場所

二文目…生き物の特徴

三文目…かくれ方

以下、同様の順番で説明されているため、文を色分けするなどして文意識をもたせる。

3　「たこ」のかくれんぼについて考える。

・「かくれる場所」「生き物の特徴」「かくれ方」の三文の順番をばらばらにして並べ替えをし、その理由を問うことで説明の順番をおさえる。はまぐり同様、「かくれる場所」「生き物の特徴」「かくれ方」の順番になることをおさえる。

4　「もくずしょい」のかくれんぼについて考える。

・「特徴」「かくれ方」のいずれかを空欄とし、あてはまる内容を考えさせることで、特徴とかくれ方のつながりをおさえる。

◎第３段階

## 文章全体を読むことから表現へ向かう

1　教科書に出てきた生き物を使って、「わたしはだれでしょうクイズ」をする。

（例）わたしは、すなのなかにかくれているんだよ。

わたしは、大きくてつよいあしをもっているよ。

だから、すなのなかにあしをのばしてすばやくもぐってかくれることができます。

わたしはだれでしょう。

説明文教材・1年生

# めだかの　ぼうけん

いじち　えいしん

◆本書で元にした教科書　学校図書「しょうがっこう　こくご」平成二十七年度　一年下

……概要……

水を追って住む場所を変えるめだかの生態を、春から順を追って説明している。

春、川から田んぼに入って温められた水の中で活動を始め、豊富なえさを食べる。田植えのころに卵を産み、夏の盛りには赤ちゃんが元気に泳ぐようになる。夏の終わり、秋に稲刈りのため水をぬかれる前に、台風によって田んぼからあふれた水とともに川に移動する。

このように、季節によってすみかを変えて暮らす様子は、まるで冒険のようだ。

**教材分析の視点**

### ◆「説明文の10の観点」による分析

| | |
|---|---|
| 題名・題材・話題 | めだかの　ぼうけん |
| 繰り返し | めだか　田んぼ　川　水 |
| 文章構成 | ・[はじめ] ❶段落<br>・[中] ❷～❾段落<br>・[終わり] ❿段落 |

教材分析

## めだかのぼうけん

本文では、「ぼうけん」という言葉は、めだかの生態の説明のまとめとして最後の文に一度だけ登場する。「ぼうけん」とは、水を追いかけることも含めた、「中」で説明されたいろいろな生態を示す言葉である。また、❿段落の三文は、一文ごとに抽象度を高めながら「中」の説明をまとめたもので、同じ内容を示している。

| | いつ | どこ | めだかのようす |
|---|---|---|---|
| ❶ [はじめ] 話題提示 | 田んぼや川でいちばん小さい魚のめだか | | |
| ❷ | 春 | 川から水が入る田んぼ | 田んぼに集まる |
| ❸ | | 水が温まる田んぼ | 元気になるめだか |
| ❹ | | | 小さな生き物をたくさん食べるめだか |

1 **文章構成をとらえる**

・[はじめ]……❶段落（話題提示）

・[中]……❷～❾段落（事例）

・[終わり]……❿段落（まとめ）

[はじめ]で、「めだか」という話題を示し、[中]で、めだかの生態を説明し、[終わり]で、[中]の説明をまとめている。

全体を貫く問いはなく、話題提示のあと、すぐに説明が始まっている。

2 **「中」の説明の仕方**

・春から秋まで季節を追って説明している。

・めだかの住む場所と水の様子につなげて、めだかの生態を説明している。

・❾段落は、田んぼの説明だけでめだかについ

［中］事例

［終わり］まとめ

| ❺ | ❻ | ❼ | ❽ | ❾ | ❿ |
|---|---|---|---|---|---|
| 田植えが始まるころ | 夏の盛り | 夏の終わり | | 秋 | 季節によって住む所を変えて暮らし、水を追いかけて冒険するめだか |
| | 田んぼの浅瀬 | 台風で水が川に流れ出す田んぼ | 田んぼの近くの川 | 水がぬかれた田んぼ | |
| 卵を産むめだか | 元気に泳ぐめだかの赤ちゃん | あふれた田んぼの水といっしょに川に戻っためだか | | | |

**めだかのぼうけん**

・川から田んぼにあつまるぼうけん。
・あたたかい田んぼの水でげん気になるぼうけん。
・田んぼの小さな生きものをたくさんたべるぼうけん。
・水中をすいすいおよぐぼうけん。
・たまごをうむぼうけん。
・田んぼのあさせでめだかの赤ちゃんがげん気におよぐぼうけん。
・あふれた田んぼの水といっしょに川にもどるぼうけん。

ての叙述がないが、❽段落で述べられている川に戻ることの意味を示している。

**3 「終わり」（❿段落）の三文について**

一文目が［中］をまとめ、二文目が「一文目」をまとめている。

さらに、三文目が、「二文目」と❶段落の「小さな魚」を受けてまとめている。つまり、三文目は全文をまとめている。

**4 「ぼうけん」について**

辞書では、冒険を「危険なことと知りながら自ら行うこと」と説明している。この教材では、めだかのいろいろな生態を「ぼうけん」と表現している。だから、説明されている全てのめだかの生態を「ぼうけん」としてとらえてよい。その一つひとつは、命をつなぐために欠かせないものである。

そのうえで、春に田んぼに移動し、秋に田んぼの水がなくなる前に川に戻ることが、命にかかわる大事な事柄であることをおさえ、❾段落の重要性を理解させたい。

## 単元プラン◆「めだかのぼうけん」（5時間）

◎第1段階

### 共通の土俵をつくる

1 多様な音読や視写を通して文章全体の内容を把握する。

・題名「めだかのぼうけん」から、この文章がどんな「めだかの冒険」について説明しているかを予想する。

・繰り返されている言葉（めだか　川　田んぼ　水）に着目して、めだかが川から田んぼに移動して、また川に戻ることを読み取る。

2 三部構成を意識して読む。

・10段落構成の文章であることをおさえる。

・10の段落を、「はじめ」（話題）、「中」（説明）、「終わり」（まとめ）の三つにまとめる。

・「はじめ」…「めだかという話題」を提示しているまとまり→❶段落

・「中」…「めだかの生態の説明」をしているまとまり→❷〜❾段落

・「終わり」…「全体をまとめている」まとまり→❿段落

3 「終わり」から「問い」をつくり、読みの方向をもつ。

・めだかは、きせつによって、どんなところにすんで、どのようにくらしているの？

教材の論理

◆分析から見えてくる教材「めだかのぼうけん」の特徴

・［はじめ］全体を貫く問いの文がなく、題名が問題を示す。

❶段落で話題を提示したあと、すぐに❷段落からめだかの生態の説明が始まる。題名から、「『めだかの　ぼうけん』とはどういうことか」という問題を想定できる。

・［中］の説明の仕方

「季節」「住んでいるところの様子」「めだかの行動」の三つの観点を関係づけて説明している。

・［終わり］の内容

「中」の説明の内容を、はじめの一文で、「季節」「住んでいるところ」「めだかの行動」の三つの観点でまとめている。さらに、一文目を二文目で短くまとめ、抽象度を高めている。そして、三文目で、「はじめ」の内容を含め、二文目の内容を言い換えて全文をまとめている

指導のねらい

◆教材「めだかのぼうけん」では、こんな力をつける

・［中］の内容を、観点ごとに整理して読み取る。

・［終わり］の各文と、［中］や［はじめ］の内容と対応させる。

◎第 2 段階

## 内容の読みから「問い」の解決をはかる

1 「中」を季節ごとに分け、段落ごとに、どんな場所で、めだかは何をするのかをまとめる。並行して、「問い」の観点である「季節」「すみか」「暮らし」を観点として「ぼうけん」の内容を読む。

・「はる」…❷段落（川から水が入った田んぼにめだかがあつまる。）
❸段落（あたためられた田んぼの水でめだかがげん気になる。）
❹段落（生きものがふえた田んぼでめだかが小さな生きものをたべる。）

・「田うえがはじまるころ」…❺段落（めだかがたまごをうむ。）

・「なつのさかり」
…❻段落（田んぼのあさせで、めだかの赤ちゃんがげん気におよぐ。）

・「なつのおわり」
…❼段落（たいふうで田んぼの水が川にながれ出す。）
❽段落（あふれた田んぼの水といっしょにめだかが川にもどる。）

・「あき」…❾段落（おこめをたくさんとるために水がない田んぼ。）

2 なぜ❾段落で、「めだかのいない田んぼ」について説明しているのか、その理由を考える。

・題名の「めだかのぼうけん」に関連づける。

◎第 3 段階

## 題名の意味を自分なりの言葉で表現する

1 作者のまとめや題名の言葉を、表からとらえ直す。

・「終わり」にある「なかまをふやし」につながる事柄を、表から探して発表する。

2 めだかはどんなぼうけんをするのか、「水を中心に」「こどもをうむため」「季節」「場所」からテーマを選び、「めだかは～というぼうけんをする」という文型で説明する。

※68・69ページの教材分析図を参照

説明文教材・2年生

# 食べるのは、どこ

◆本書で元にした教科書　学校図書「小学校こくご」平成二十七年度　二年下

……概要……

人が食べるために畑で育てられた植物である野菜。その野菜の食べる場所の違いについて述べている。

野菜の食べる場所は大きく「地面の上」の部分と「地面の下」の部分とに分類することができ、地面の上では茎、葉、花、実を食べ、地面の下では根、地中に伸びた茎を食べる。

また、地面の下の部分を食べる野菜の中で「種」を食べる野菜の例として「らっかせい」を挙げ、その育ち方を順序よく述べている。

教材分析

## 食べるのは、どこ

はじめ

❶〈話題Ⅰ〉

やさいは、人が食べるために、はたけでそだてられたしょくぶつ。

❷〈話題Ⅱ〉

しょくぶつは、地面の上に、くきをのばし、はをしげらせ、花をさかせ、みをつける。地面の下に、ねをのばす。くきが地面の下までのびるものもある。

❸〈問い〉

わたしたちは、やさいのどこを食べるのか。【全体を貫く問い】

教材分析の視点

### ◆「説明文の10の観点」による分析

| | |
|---|---|
| 題名・題材・話題 | 野菜の食べる場所に焦点化して述べている文章であることがわかる。 |
| 問いと答え | わたしたちは、やさいのどこを食べるのでしょうか。 |
| 事例 | ・「地面の上」の部分を食べる野菜…アスパラガス・キャベツ・ブロッコリー・なす<br>・「地面の下」の部分を食べる野菜…にんじん・じゃがいも・らっかせい |
| 文章構成 | ・[はじめ] ❶～❸段落<br>・[中] 1　❹～❼段落<br>・[中] 2　❽～⓭段落 |
| 比較しているもの・こと | ・「地面の上」を食べる野菜と「地面の下」を食べる野菜 |

1 **[はじめ]、[中]1、[中]2の文章構成**

❶段落から❸段落までが話題提示と問いの文からなる「はじめ」のまとまりとすることができる。❹段落から⓭段落までが具体的事例が述べられている「中」のまとまりである。

「中」のまとまりでは、❹～❼段落が「地面の上」の部分を食べる野菜が説明されていて、❽～⓭段落までが「地面の下」の部分を食べる野菜が説明されていることから、ここで［中］1、［中］2と分けることができる。

しかし、説明文の基本構成から見ると「終わり」のまとまりがない。そこで、説明内容とのつながりを意識させて、「終わり」のまとまりを書かせる学習活動を設定することができる。

**中**

［中］1

**地面の上**

❹ 地面の上
地上にのびたくきを食べるやさい
…アスパラガス

❺ はを食べるやさい
…キャベツ

❻ 花を食べるやさい
…ブロッコリー

❼ みを食べるやさい
…なす

［中］2

**地面の下**

❽ ねを食べるやさい…にんじん

❾ 地面の下にのびたくきを食べるやさい
…じゃがいも

❿ たねをたべるやさい…らっかせい

**らっかせいがそだつじゅんじょ**

⓫ ア たねをまくと、地面の上にめを出す。
イ くきからえだをのばし、黄色の花をさかせる。

⓬ ウ 花がしぼみ、花のついていたえだが、地面にむかってのびはじめる。
エ えだの先が地面にささる。
オ 花のつけねが土の中でふくらみ、さやになる。

⓭ カ さやの中にたねが入っている。
わたしたちは、たねを食べる。

**終わり**

◆〈問い〉に対する答えになるような、「終わり」はない。
→一般的な「三部構成」ではなく、「二部構成」になっている。

### 2 説明の順序を考えさせる

まず、文章全体の構成から見た説明の順序は、［中］1、［中］2としたように「地面の上」「地面の下」という順序で説明されている。

次に、❹段落から❼段落の順序性を見ると、茎、葉、花、実という植物の成長過程に沿っていることがわかる。これは、図にまとめさせることで気づかせることができる。

❽段落から❿段落の順序性に気づかせるためには、❷段落の「くきが地面の下までのびるものもあります。」や❿段落の「ねでもなければ、地下のくきでもありません。」の述べ方に着眼させることで、「地面の下」の部分を食べる野菜の中で、一般的な事例から特殊な事例という順序になっていることに気づかせることができる。

また、❹段落から❾段落までの事例の並びは、❷段落の文章に合致していることに気づかせたい。

### 3 表現に広げる

本教材は、「終わり」のまとまりがなく、「二部構成」になっている。そこで、「問い」に対する「答え」になるような「終わり」の段落を⓮段落として書かせる学習活動が設定できる。野菜によって食べる部分が違うことなどにふれて書けるように、「このように」に続けて書かせるとよい。

## 単元プラン◆「食べるのは、どこ」（6時間）

### ◎第1段階

## 共通の土俵をつくる

**1 全文を音読し、文章全体の内容の大体をつかむ。**

・野菜を題材としている説明文であること、題名「食べるのは、どこ」から、それぞれの野菜の食べる「場所」についての説明であることをおさえる。

**2 文章全体のまとまりをとらえる。**

・13の形式段落からなる文章であることをおさえる。

・問いの文をおさえる。

・文章構成を意識して読み、［終わり］のまとめがないことをおさえる。

［はじめ］❶〜❸段落

［中］❹〜⓭段落

教材の論理

### ◆ 分析から見えてくる教材「食べるのは、どこ」の特徴

**○事例の順序**

七種類の野菜が事例として挙げられている。❹段落から❼段落は「地面の上」の部分を食べる野菜が挙げられている。さらに、茎、葉、花、実という事例の順序は植物の成長過程に沿っている。❽段落から❿段落は、「地面の下」の部分を食べる野菜が挙げられている。根を食べる、地中に伸びた茎を食べる、種を食べるという順序は、一般から特殊という順序である。❷段落の文章が事例の順序をまとめた形になっている。

**○［はじめ］−［中］1 −［中］2 の文章構成**

三部構成の「終わり」の段落がないため、説明内容をふまえたうえで「終わり」の段落を書くという学習活動を設定することができる。「中」は、食べる部分が「地面の上」か「地面の下」かで明確に分けることができる。

**○説明内容をとらえやすい**

❹段落から❿段落まで、一段落一事例で説明されている。さらに、「葉を食べる野菜は…。」「花を食べる野菜は…。」という述べ方によって、食べる部分を明確にとらえることができる。

指導のねらい

### ◆ 教材「食べるのは、どこ」では、こんな力をつける

・事例として取り挙げられているものを分類することで、段落のまとまりをとらえる。

・事例を図に整理したものをもとに、説明の順序を考える。

・問いと答えの関係、三部構成（はじめ−中−終わり）をとらえさせるために、まとめの段落を書く。

◎第２段階

## 内容の読みから問いの解決をはかる

**1　それぞれの段落内容を短くまとめる。**

**2　七種類の野菜はそれぞれどこを食べるのか図にまとめる。**

・それぞれの野菜の食べる部分を、植物の図に書き込む。

**3　図をもとにして、七種類の野菜を二つに分類する。**

・図から「地面の上」の部分を食べる野菜と「地面の下」の部分を食べる野菜に分類する。

・❷段落の文章から「地面の上」「地面の下」という言葉を抜き出させる。

・［中］のまとまりを、［中］1（地面の上の部分を食べる野菜）と［中］2（地面の下の部分を食べる野菜）に分ける。

**4　らっかせいが育つ順序を読む。**

・育つ順序を、短く箇条書きでまとめる。

**5　事例の順序を考え、まとめる。**

・「地面の上」の部分を食べる野菜については、図をもとに考えさせ、植物の成長過程に沿っていることをおさえる。

・「地面の下」の部分を食べる野菜については、根を食べる野菜、地中の茎を食べる野菜、種を食べる野菜と、だんだん特殊な（数が少ない）事例という順序になっていることを、述べ方と合わせておさえる。

❶段落　やさいは、人が食べるために、はたけでそだてられたしょくぶつ。
❷段落　しょくぶつは、ふつう、地面の上に、くきをのばし、はをしげらせ、花をさかせ、みをつける。地面の下には、ねをのばす。くきが地面の下までのびるものもある。
❸段落　わたしたちは、やさいのどこを食べるのでしょうか。
❹段落　地上にのびたくきを食べるやさい―アスパラガス
❺段落　はを食べるやさい―キャベツ
❻段落　花を食べるやさい―ブロッコリー
❼段落　みを食べるやさい―なす
❽段落　ねを食べるやさい―にんじん
❾段落　地面の下にのびたくきを食べるやさい―じゃがいも
❿段落　たねを食べるやさい―らっかせい
⓫段落　たねをまくと、黄色の花をさかせるらっかせい。
⓬段落　花がしぼむと、花のつけねが土の中でふくらんで、さやになる。
⓭段落　わたしたちは、さやの中のたねを食べる。

◎第３段階

## 文章全体を読むことから表現に向かう

**1　段落のまとまりや事例の順序を確認し、文章全体の構成をとらえる。**

**2　［はじめ］［中］とのつながりを意識しながら、［終わり］の段落を書く。（下記参照）**

・「このように」に続けて⓮段落の内容を考える。

・題名や問いの文と関連させる。

・植物のすべての部分を食べるわけではないこと、野菜によって食べる部分が違うことにふれて書けるようにする。

このように、やさいは、地面の上にできる部分と、地面の下にできる部分を食べるものに分けることができます。

説明文教材・２年生

# たんぽぽの ちえ

うえむら　としお

◆本書で元にした教科書　光村図書「こくご」平成二十七年度　二年上

**概要**

たんぽぽが、たねをちらし、新しい仲間を増やすためのちえが、時間的順序に沿って四つ紹介されている。

「じくがたおれる」「わた毛ができる」「じくがおきあがる」「わた毛がひらいたりすぼんだりする」の四つである。これらのちえを、「なぜこんなことをするのだろう？」という読者の疑問に答える形でわけを述べ、題名の「ちえ」について「なるほど、すごいな」と思わせる工夫が見られる。

また、「二、三日たつと」「やがて」「よく晴れた日」「しめり気の多い日」など時を表す表現があり、たんぽぽの様子と対応して読むことができる。

教材分析

## たんぽぽのちえ

擬人化を用いた題名

**本文には❿段落以外「ちえ」という言葉はない。筆者は「ちえ」という言葉を使わずにどのように説明しているかを読んでいく。また、この説明文には擬人法や比喩が使われており、児童にとってイメージ化しやすい。**

**はじめ**

（話題提示）

❶ 春になると、たんぽぽの黄色いきれいな花がさきます。

主語　じく

二、三日たつと

❷ 花のじくはじめんにたおれてしまいます。

❸ 花とじくを休ませて、たねに、たくさんのえいようをおくっているのです。

たんぽぽは、たねを太らせるのです。

**ちえ１**

**教材分析の視点**

### ◆「説明文の10の観点」による分析

| | |
|---|---|
| 題名・題材・話題 | 「たんぽぽのちえ」は、たんぽぽを擬人化 |
| 文章構成図 | ❶　はじめ<br>❷❸　❹❺　❻❼　❽❾　中<br>❿　終わり |
| 段落の主語 | ❷❸段落：じく、❹❺段落：わた毛<br>❻❼段落：じく、❽❾段落：わた毛 |
| 事例 | ［中］❷〜❾が具体　→　［終わり］❿が抽象<br>→　題名がさらなる抽象 |

1　**三部構成でとらえる**

［はじめ］❶段落、［中］❷〜❾段落、［終わり］❿段落の尾括型の説明文である。題名の「ちえ」の具体が、［中］の部分で述べられ、❿の「いろいろなちえをはたらかせています」と抽象化されてまとめられ、「たねをちらして、あたらしいなかまをふやしていくのです」と断定するとともに、ちえをはたらかせるための理由の抽象にもなっている。

2　**［中］のまとまりを意味段落に分ける**

「ちえ」を観点に、［中］を四つのまとまり（四つのちえ）に分けることができる。このとき、児童に次の二点を考えさせ、教材の論理（事実と理由）を明確にとらえさせることが重要であ

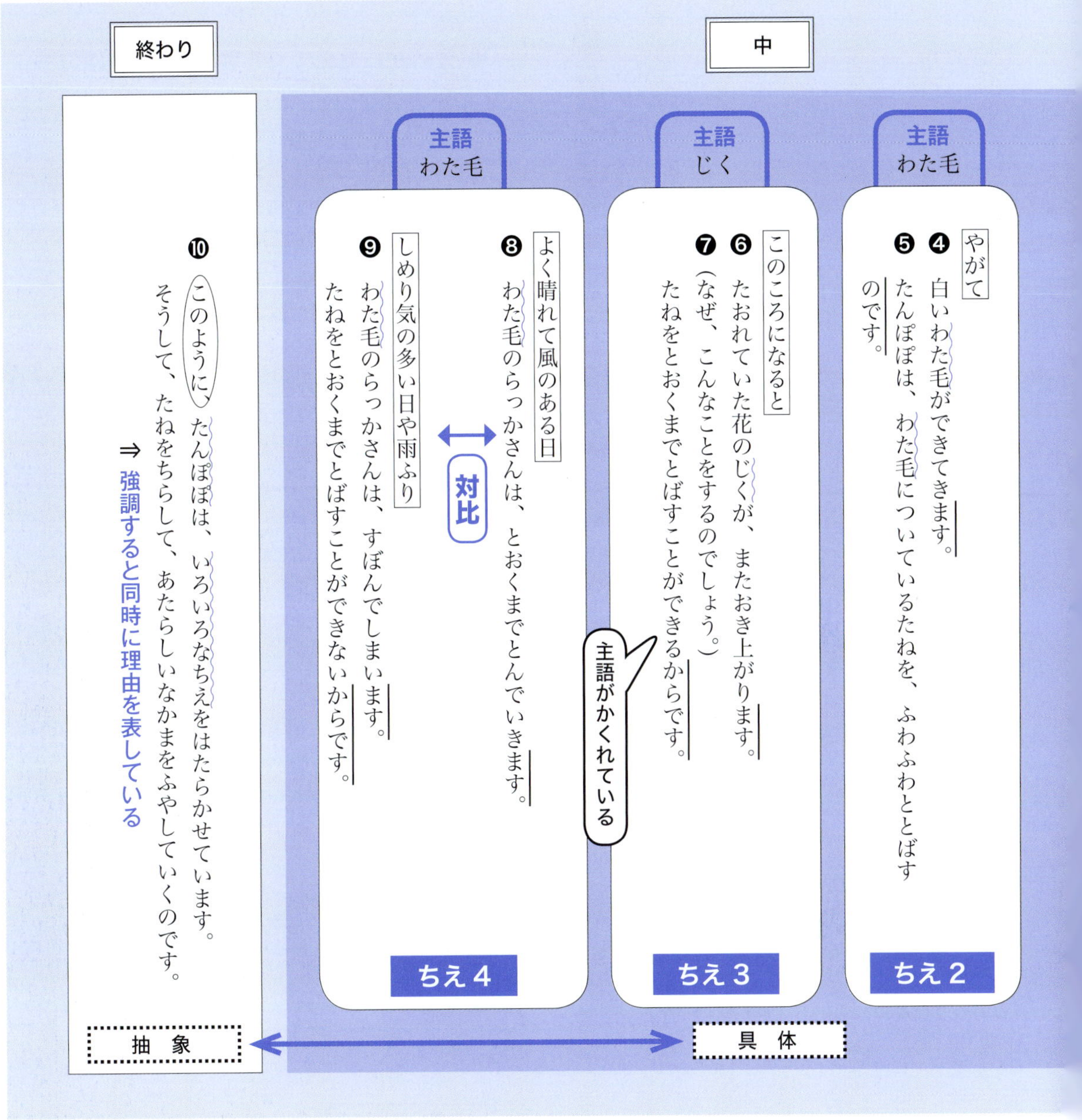
中
主語
わた毛
❹ やがて
白いわた毛ができてきます。
❺ たんぽぽは、わた毛についているたねを、ふわふわとばすのです。
ちえ２
主語
じく
❻ このころになると
たおれていた花のじくが、またおき上がります。
❼（なぜ、こんなことをするのでしょう。）
たねをとおくまでとばすことができるからです。
主語がかくれている
ちえ３
主語
わた毛
❽ よく晴れて風のある日
わた毛のらっかさんは、とおくまでとんでいきます。
対比
❾ しめり気の多い日や雨ふり
わた毛のらっかさんは、すぼんでしまいます。
たねをとおくまでとばすことができないからです。
ちえ４
終わり
❿ このように、たんぽぽは、いろいろなちえをはたらかせています。
そうして、たねをちらして、あたらしいなかまをふやしていくのです。
⇒強調すると同時に理由を表している
抽象
具体

る。

○主語連鎖

　各段落について、何について書かれた段落であるか（主語は何か）を考えていくと、上の図のような関係になっていることがわかる。

○文末表現

　［中］のまとまりがとらえられたら、それぞれの二つの段落の関係を考える。そのとき、重要なのが文末表現である。状況を述べた「〜ます。」という現在形の文。理由を述べた「〜からです。」「〜のです。」に着目させることで、文や段落の役割を明確にする。

❷「〜ます。」　❸「〜のです。」
❹「〜ます。」　❺「〜のです。」
❻「〜ます。」　❼「〜からです。」
❽「〜ます。」　❾「〜ます。」「〜からです。」

❽❾段落は、他の段落の述べ方とは違い、「晴れた日」と「しめり気の多い日」を対比し、そのあとで理由を説明している。状況を述べ、そのあとで理由を述べる説明方法が繰り返されており、それがたんぽぽの四つのちえ（意味段落）になっている。

### 3 時を表わす言葉

　低学年にとって、「春になると」「二、三日たつと」「やがて」などの言葉は、順序をとらえるためにしっかりとおさえる必要がある。

教材の論理

### ◆分析から見えてくる教材「たんぽぽのちえ」の特徴

**・二つの段落の関係**

題名に「ちえ」という言葉を使いながら、本文ではまとめの段落にしか出てこない。状況（たんぽぽがすること）を述べ、次の段落で理由（なぜそうするのか）を述べるという説明方法でたんぽぽの「ちえ」を説明している。

このような構成によって、読者に「なぜそんなことをするのだろう」という疑問をもたせ、それを解決していく仕掛けになっている。

**・文末表現の役割**

理由を述べるため、「～のです」「～からです」という文末表現が使われている。因果関係をとらえる文末表現として、児童に定着させたい。

**・具体と抽象の関係**

⑩段落と❷～❾段落、題名と本文などさまざまな具体と抽象の関係が盛り込まれている。段落の関係や段落の役割に気づかせることができる。

**・時を表す言葉**

低学年の目標である順序をとらえさせるための言葉が用いられており、たんぽぽの成長過程をとらえやすい。また、❽❾段落はこれまでの説明方法と異なり、対比を使った説明方法がとられている。

指導のねらい

### ◆教材「たんぽぽのちえ」では、こんな力をつける

- 理由を述べる言い方「～からです」「～のです」に着目して、因果関係を読む。
- 文末表現に着目して、文の役割に気づく。
- 形式段落の主語から段落のまとまりをとらえる。
- 題名やまとめの⑩段落と他の段落の関係などから、具体と抽象をとらえる。
- 時を表わす言葉から順序に気をつけて読む。

## 単元プラン◆「たんぽぽのちえ」（7～8時間）

### ◎第1段階

### 共通の土俵をつくる

**1 題名を読み、たんぽぽについて知っていることを話し合う。**

・わた毛が飛んでいく。　・根っこが長い。など

これらの知識を、「なぜか？」という視点で、第3段階の表現につなぐ。

**2 多様な音読を通して文章全体の内容を把握する。**

・形式段落をとらえる。

**3 三部構成をとらえ、題名の「ちえ」が書かれているかを考える。**

・…［はじめ］　…［中］　…［終わり］

・「ちえ」という言葉が、題名と⑩段落にしか出ていないことに気づく。

**4 題名から問いの文をつくり、読みの方向性をもつ。**

・「たんぽぽのちえってどんなちえ？」

・「たんぽぽのちえっていくつあるの？」

◎第2段階

## 内容の読みから問いの解決をはかる

**1 たんぽぽのちえがいくつ書かれているか考える。**

・❷～❾を読み、まとまりを考える。

・各段落の主語（または何について説明している段落か）を考える。

**2 どんなちえかを考える。**

・❷❸、❹❺、❻❼、❽❾段落の、それぞれ二つの段落の関係を考える。状況（たんぽぽがどうなることがちえか）、理由（なぜそうなるのか）を読む。

・文末表現の違いと文の役割をとらえる。

**3 筆者の工夫を読む。**

・時を表す言葉や比喩の効果、「なぜ～？」という疑問を解き明かす文章展開になっていることをとらえる。

◎第3段階

## 文章全体から読んだことを表現する

**1 「たんぽぽのちえ」にはどんなことがあったか、わかりやすく表にまとめる。**

| | ちえ | ちえをはたらかせるわけ |
|---|---|---|
| 1 | じくがじめんにたおれる。 | 花とじくを休ませて、たねにたくさんのえいようをおくり、たねをふとらせる。 |
| 2 | わた毛ができる。 | たねをふわふわととばす。 |
| 3 | たおれていたじくが、またおき上がる。 | たねをとおくまでとばす。 |
| 4 | 天気やしめり気によって、わた毛はひらいたりすぼんだりする。 | 晴れて風のある日にはたねをとおくまでとばすことができ、しめり気の多い日や雨の日にはとおくまでとばすことができないから。 |

説明文教材・3年生

# どちらが生たまごでしょう

◆本書で元にした教科書　教育出版「小学国語」平成二十七年度　三年下

……概要……

ゆでたまごと生たまごの見分け方をとおして、生たまごのもつ仕組みについて述べている。まず、たまごを色・形・重さという観点で比較し、見分けることができないことを示している（共通性）。次に、実験をとおして、回り方の違いから見分けることができることを説明している（相違性）。最後に、中身の様子の違いを、ひみつとして説明することをとおして、鳥の赤ちゃんが育つところであるという、たまご本来の役割について触れ、意味理解を深めている。

**教材分析の視点**

### ◆「説明文の10の観点」による分析

| | |
|---|---|
| 題名・題材・話題 | 題名自体が、「問い」の役割をしていることがわかる。 |
| 文章構成 | ・[はじめ]…❶、❷段落<br>・[中]1…❸～❼段落<br>・[中]2…❽～❿段落<br>・[中]3…⓫～⓭段落<br>・[終わり]…⓮段落 |
| 事例 | ・[中]1…❸～❼段落（観点による事実把握）<br>・[中]2…❽～❿段落（検証）<br>・[中]3…⓫～⓭段落（意味理解） |
| 文章構成図 | (p.81 参照) |
| 比較しているもの・こと | 「ゆでたまご」と「生たまご」を比較、たまごのつくりのすばらしさを述べている。 |

教材分析

## どちらが生たまごでしょう

**[はじめ]**
❷❶

呼びかけ　中身の様子が違う

**話題提示**

**[中]1**
❼❻❺❹❸

〈問い〉

たまごのからをわらないで、どちらがゆでたまごで、どちらが生たまごかを、見分けることはできないものでしょうか。

・色も形も重さもほとんど同じ
**↓見分けるのは難しい**
・ぐるぐる回して違いがないかどうか調べる実験
**↓回り方がはっきりと違うことがわかる。**

**観点による事実把握**

1　**文章全体を大きく三部構成でとらえる**

文章全体のまとまりは、「問い」と「答え」の関係を手がかりにすれば、[はじめ][中][終わり]という大きなまとまりで容易にとらえることができる。

また、「中」の部分も「問い」と「答え」の関係を手がかりにすることで、さらに三つのまとまりに分かれていることに気づくことができる。

そうすることで、文章全体をまとまりでとらえることができる。

2　**[中]のまとまりのつながりと役割**

「中」のそれぞれのまとまりは、「問いに対する答えと説明」という共通した観点で述べられ

[中] 2
❿❾❽

〈問い〉
この回り方は、どんなゆでたまごにも、どんな生たまごにもあてはまるでしょうか。

・それぞれのたまごを五つずつ用意して実験
**→回り方の違いから見分けることができる。**

検証

[中] 3
⓭⓬⓫

〈問い〉
ゆでたまごと生たまごの回り方がちがうのはなぜでしょうか。

・たまごの中の様子にひみつがありそうです。
**→生たまごの中身は、回ろうとするたまごに、内側からブレーキをかけることになる。**

意味理解

[終わり]
⓮

生たまごの中身の仕組み…大変都合がよい
**→たまごは鳥の赤ちゃんが育つところであり、なるべく早く動きが止まったほうが安全だから。**

まとめ

文章構成図

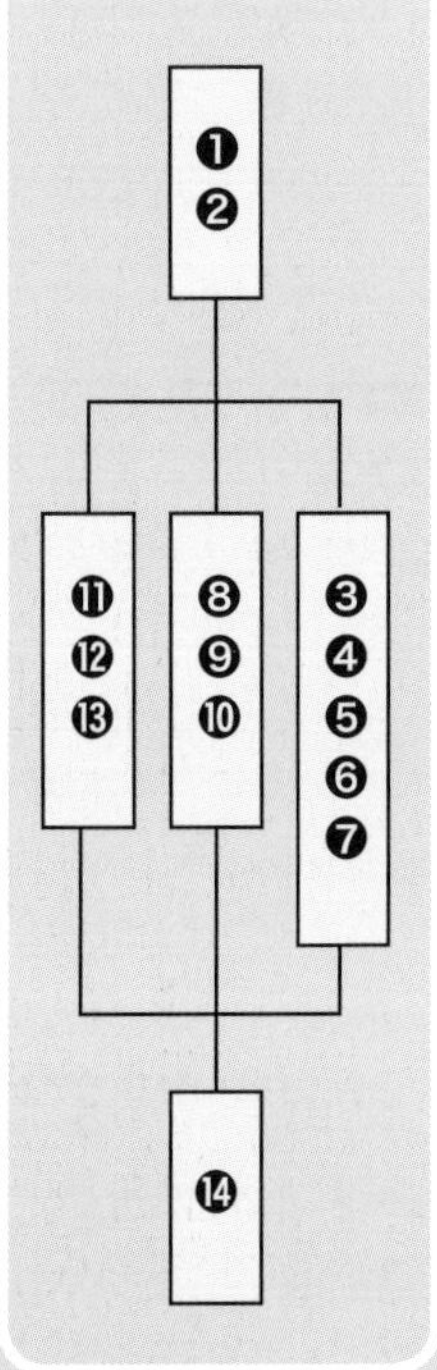


ている。これらを説明内容でとらえていくと、「ゆでたまごか生たまごかを見分ける（観点による事実把握）」〜「見分ける方法が一般化できるか（検証）」〜「たまごの中の様子のひみつ（意味理解）」という流れになっていることがわかる。

さらに、文章全体を説明内容でとらえてみると、［はじめ］は、「中身の違いについての話題提示」、［中］は、「中身の違いに気づかせるための事例」、［終わり］は、「生たまごの中身の仕組み」という流れになっていることに気づく。

### 3 まとまりやつながりをもとに、文章構成図としてとらえる

段落をまとまりとしてとらえ、つながりを図に表現することで、文章構成図ができることをつかむ。

はじめに、❶、❷段落や⓮段落の役割を考えることによって、大きなつながりとして、とらえさせるようにする。

次に、［中］1〜3の役割を考えることによって、そのまとまりを文章構成図としてまとめていく。

そうすることで、❼段落、❿段落、⓭段落のつながりがとらえられ、文章全体をまるごととらえた読みができる。

教材の論理

◆ 分析から見えてくる教材「どちらが生たまごでしょう」の特徴

○明確な三部構成

文章全体を［はじめ］［中］［終わり］という大きなまとまりでとらえさせることは、段落のつながりをとらえさせることにつながる。

❶、❷段落は、呼びかけ・話題提示の役割をしており、⓮段落は、まとめ（筆者の主張）の役割をしている。

○段落のまとまり（「問い」と「答え」の関係を観点に）が見える

説明文の基本は、「問い」と「答え」の関係である。三部構成や［中］のまとまりをとらえるのに、「問い」と「答え」の関係を見ることによって、段落のまとまりが見えてくる。

指導のねらい

◆ 教材「どちらが生たまごでしょう」では、こんな力をつける

- 「問い」と「答え」の関係から、段落のまとまりをとらえることができる。
- 文章構成（［はじめ］［中］［終わり］）から、それぞれのまとまりのつながりと役割をとらえることができる。
- それぞれの段落のまとまりやつながりをもとに、文章構成図にまとめることができる。

## 単元プラン◆「どちらが生たまごでしょう」（4～5時間）

◎第1段階

### 共通の土俵をつくる

**1 多様な音読や全文視写をとおして、文章全体の内容を把握する。**

・題名から、ゆでたまごと生たまごの見分け方についての説明であることをおさえる。

**2 題名読みから、読みの方向をもつ。**

・題名自体が問いの文となっていることをおさえ、読みの方向をもたせる。

・題名を使って、問いの文をつくる。

**3 文章全体をまるごと読むために、大きなまとまりでとらえる。**

・［はじめ］［中］［終わり］の三つのまとまりに分けられることをおさえる。

・「問い」と「答え」の関係に着目し、下のような段落のまとまりに分けられることをおさえる。

［はじめ］…❶～❷段落
［中］…❸～⓭段落
・［中］1…❸～❼段落
・［中］2…❽～❿段落
・［中］3…⓫～⓭段落
［終わり］…⓮段落

◎第２段階

## 内容の読みから問いの解決をはかる

**１ ［中］の部分には、どのような内容が説明されているかをとらえる。**

・「ゆでたまごか生たまごかを見分ける（観点による事実把握）」～「見分ける方法が一般化できるか（検証）」～「たまごの中の様子のひみつ（意味理解）」という流れになっていることをおさえる。

**２ 「ゆでたまご」と「生たまご」の違いを比較して、その内容をとらえるために、表に整理する。**

・比較の観点をとらえ、文章全体を表にまとめる。

**３ 内容の読みをまとめる。**

・段落のまとまりや表を活用して、題名からつくった問いに対する答えをまとめる。

・［中］１…観点による事実把握
・［中］２…検証
・［中］３…意味理解

◎第３段階

## 文章全体を読むことから表現に向かう

**１ 段落のまとまりやつながりをもとに、文章全体の構成をとらえ、文章構成図で表現する。**

**２ 全体の読みから、題名について考え、表現する。**

・題名が「生たまご」となっているが「ゆでたまご」でもいいのではないか、なぜ「生たまご」でなければならないのか…ということを考え、表現させる。

説明文教材・3年生

# こまを楽しむ

安藤　正樹

◆本書で元にした教科書　光村図書「国語」平成二十七年度　三年上

・・・概要・・・

日本にあるさまざまな種類のこまは、それぞれ色も形も違うが、つくりは同じである。人々は、こまのつくりに工夫を加え、回る様子や回し方でさまざまな楽しみ方のできるこまをたくさん生み出してきたことを紹介している。

教材分析

## こまを楽しむ

**はじめ**

❶段落

こま
・長い間、広く親しまれる
・さまざまなくふう
・たくさんのこまが生み出された

←

（問い）では、どんなこまがあるのでしょう。また、どんな楽しみ方ができるのでしょう。

| 段落 | こまの名前 | 一文目 楽しみ方 | 二文目 つくりのくふう | 三文目 回る様子・回し方（楽しみ方の具体化） | 四文目 つけたし |
|---|---|---|---|---|---|
| ❷段落 | 色がわりごま | 色 回っているときの色 | 表面には、もようがえがかれている。 | ひねって回すと、もように使われている色がまざり合い、元の色とちがう色にかわる。 | 同じこまでも、回すはやさによって、見える色がかわってくる。（色について） |

**教材分析の視点**

### ◆「説明文10の観点」による分析

| | |
|---|---|
| 要点 | ❶どんなこまがあるのか。<br>どんな楽しみ方ができるのか。<br>❷色がわりごまで色を楽しむ。<br>❸鳴りごまで音を楽しむ。<br>❹さか立ちごまで回り方が変わる動きを楽しむ。<br>❺たたきごまで回し続けて楽しむ。<br>❻曲ごまで見る人を楽しませる。<br>❼ずぐりで雪の上で楽しむ。<br>❽人々は、さまざまな楽しみ方のできるこまをたくさん生み出してきた。 |
| 文章構成図 | 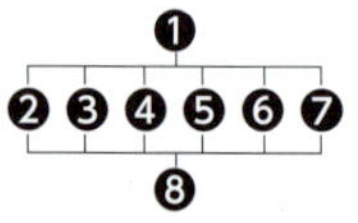 |
| 繰り返し | こまを紹介する叙述の順序 |
| 比較しているもの・こと | いろいろなこま<br>楽しみ方・つくりのくふう・回る様子や回し方 |

1　**はっきりとした構成**

［はじめ］と［終わり］に挟まれた［中］の部分で、こまの具体例が列挙されている。そのため、区切りは分かりやすくなっている。また、具体例は、シンプルに並列した取り上げ方になっている。区切りも事例の並べ方もわかりやすいので、文章構成図にまとめやすい。

［はじめ］…❶段落（問い）

こまが、世界中で長い間親しまれていることを紹介するとともに、こまの種類は、日本がいちばん多い国であることも紹介している。それは、［終わり］の部分につながっている。

また、「どんな～でしょう。」の二つの問いをとらえることで、［中］の読みの観点をもつことができる。

## 中

### 事例

| | | | | | |
|---|---|---|---|---|---|
| ❸段落 | 鳴りごま | 音<br>回っているときの音 | どうは大きく、中がくうどうになっていて、どうのよこには、細長いあなが空いている。 | ひもを引っぱって回すと、あなから風が入りこんで、ボーっという音が鳴る。 | その音から、うなりごまともよばれている。（こまの名前について） |
| ❹段落 | さか立ちごま | 動き<br>とちゅうから回り方がかわる、その動き | ボールのような丸いどうをしている。 | 指で心ぼうをつまんで、いきおいよく回す。はじめはふつうに回り、だんだんかたむいていく。 | さいごは、さかさまにおき上がって回る。（回り方の続き） |
| ❺段落 | たたきごま | 回し方<br>たたいて回しつづけること | どうは、細長い形をしている。 | 手やひもを使って回した後、どうの下のぶぶんをむちでたたいて、かいてんをくわえる。 | 上手にたたいて力をつたえることで、長く回して楽しむ。（楽しみ方） |
| ❻段落 | 曲ごま | 場所<br>おどろくような所で回して、見せる | 心ぼうが鉄でできていて、広くたいらなどうをしている。 | （つくりの続き）ほかのこまとくらべ、安定したつくりになっているので、あまりゆれることがない。 | 台の上で手を使って回し、そこから回しにくい所へうつしかえる。（回し方） |
| ❼段落 | ずぐり | 場所<br>雪の上で回す | 心ぼうの先が太く、丸く作られている。 | まず、雪に小さなくぼみを作り、わらでできたなわを使って、その中になげ入れて回す。 | 雪がふってもこまを回したいという人々の思いから、長く親しまれる。（人々の思い） |

← さまざまなしゅるい

← 色も形もちがう、くふうしたつくり

← 回る様子を楽しむ回し方を楽しむ

## 終わり

❽段落
（まとめ）このように、日本には、さまざまなしゅるいのこまがあります。それぞれ色も形もちがいますが、じくを中心にバランスをとりながら回るというつくりは同じです。人々は、このつくりにくふうをくわえ、回る様子や回し方でさまざまな楽しみ方のできるこまをたくさん生み出してきたのです。

文章構成図

❶段落
❷段落　❸段落　❹段落　❺段落　❻段落　❼段落
❽段落

［中］…❷段落〜❼段落（具体例）

六つの種類のこまを一段落で一つずつ説明している。こまの種類を先に出し、それについて楽しみ方を説明するという順序をとっている。述べ方を見ると、段落ごとの文の数、述べる順序をそろえているので、内容がとらえやすい。それぞれの文について書かれていることを整理して、表にまとめる学習ができる。

［終わり］…❽段落（まとめ）

人々の工夫で、さまざまな楽しみ方ができるこまがたくさん生み出されたとまとめている。「楽しみ方」については、種類や形についてのまとめに比べて分量は少ない。題名を受け、人々のこまに親しむ気持ちからさまざまな種類が生まれたことをおさえる。

### 2 文章の中の表現活動につながるもの

具体例として六種類が選ばれているが、第❶段落下の写真のような普段見慣れた身近なこまについては説明がない。本文には、読み手の興味をひくものを選んで取り上げているからだ。

子どもたちの身近にあるこまなど、子どもたちが知っている他のこまを取り上げ、表の項目に当てはめて説明をし、文章化する言語活動が考えられる。

また、「ずぐり」から、地方による特徴的なこまがあるとことがわかる。事例に取り上げられているこまは、全国的なものか、特定の地方のものか、さらに詳しい説明もほしくなる。

# 単元プラン◆「こまを楽しむ」（7時間）

## ◎第1段階

## 共通の土俵をつくる

**1 題名から質問をつくる。**

・（例）どうやって「こまを楽しむ」のでしょう。

→「いつ」「どこで」「だれが」「なにを」「なぜ」「どのように」（5W1H）を手がかりにする。

**2 話題・問いを読む。**

・「こま」とはどんなものか、紹介を読む。

問い…どんなこまがあるのでしょう。

また、どんな楽しみ方ができるのでしょう。

**3 形式段落をとらえ、段落のはじめの言葉に注目する。**

・文章全体を正しく音読する。

教材の論理

### ◆ 分析から見えてくる教材「こまを楽しむ」の特徴

**1 とらえやすい三部構成**

［はじめ］…長い間、広く親しまれているこまの紹介と問い

［中］………こまの具体例

［終わり］…［はじめ］を受けたまとめの文

**2 具体例を列挙・段落内の叙述の順序**

こま6種類を列挙し紹介している。

1段落に一つのこまを取り上げているので、文章構成図をまとめやすい。

それぞれの段落は、同じつくりになっている。

1文目…名前と楽しみ方

2文目…つくりの工夫

3文目…回し方・回る様子

4文目…つけたしの説明。

**3 写真との対応**

こまの実物を示し、説明を補うために叙述と対応する写真を取り入れている。鳴りごま以外は、形と回り方の2種類を示している。はじめの部分には、身の回りにある一般的なこまの写真が配置されている。

指導のねらい

### ◆ 教材「こまを楽しむ」では、こんな力をつける

・問いをとらえる。

・具体例を表にまとめる。

・段落の関係を文章構成図にまとめる。

・身の回りのこまを紹介する文を、同じ説明の順序で書く。

◎第2段階

## 内容の読みから問いの解決をはかる

1 具体例を読む。

・たくさんのこまには、どんなものがあるか。

→色がわりごま、鳴りごま、さか立ちごま、たたきごま、曲ごま、ずぐり

2 比較の観点を挙げる。

・問いから…どんな楽しみ方

・第二段落から…つくりのくふう、回し方、回る様子

3 観点をもとに二元表に整理する。

横の項目…比較するもの（こまの種類）

縦の項目…比較の観点（こまの楽しみ方やくふうなど）

4 表を見て、説明の順序などの特徴を考察する。

◎第3段階

## 文章全体を読むことから表現に向かう

1 具体例のつけたし、表の項目に従って表を広げる。

2 具体例の段落を増やして文章を書く。

・❶段落の下の写真を見て、表の観点から書きたす。

または、地域に伝わるこまや、調べたこまをもとに具体例を増やす。

3 表を見ながら、本文のように敬体の文末を意識して、具体例を説明する段落を書く。

# 「落ち葉」ではなく「落ちえだ」

高柳　芳恵

◆本書で元にした教科書　学校図書「小学校国語」平成二十七年度　四年下

**･･･概要･･･**

「落ち葉」ではなく「落ちえだ」という現象を、筆者が何を見て、どんな推論を立てたのか、そして、どのように論証していったのかを解き明している。

**教材分析の視点**

### ◆「説明文の10の観点」による分析

| | |
|---|---|
| 題名・題材・話題 | 「落ち葉」と「落ちえだ」は、比較しながら同じ原理で説明されている。「落ちえだ」の原理を伝えている。 |
| 文章構成 | ［はじめ］序論部がない。<br>［中］❶～⓭<br>（❶～❿・⓫～⓭）の二つの意味段落<br>［終わり］⓮　雑木林での風景とまとめ |
| 要約 | 雑木林の木が空間を均一に分け合った美しい姿をしているのは、木が自らをせん定し、最良の樹形を作っているからである。このように「落ちえだ」という現象は自らせん定して最良の樹形を保とうとする、すばらしい樹木の知恵なのである。 |
| 繰り返し | 「落ちえだ」のあとを筆者の気づきの順に、別の表現で繰り返している。<br>・丸くなめらかで、中央が凸型にもり上がっていた<br>・丸い形をしたあとのようなもの。凹型<br>・凸型と凹型<br>・同じような丸いあと<br>・小さなあと　大きなあと<br>・ぴったりとおさまる所 |

## 教材分析「落ち葉」ではなく「落ちえだ」

問い

| | 筆者の発見・疑問 | 筆者の視点・行動 | ［筆者の見ていたもの・様子］ |
|---|---|---|---|
| ❶ | 不思議な現象<br>ばらまいたかのよう<br>どうして落ちているのでしょう<br>現象 | 冬の雑木林を歩いていた<br>気がつきました<br>全体 | 十センチメートルほどの小さなえだが（同じようなえだ）たくさん |
| ❷ | きょろきょろと | 辺りを見回すと | もう少し大きなえだ<br>大きなえだ<br>葉がついたままのえだ |
| ❸ | なんと…<br>たしかでした | よく見ると | えだの根もと<br>同じ特ちょうをもって<br>えだの根もとが丸くなめらかで中央が凸型にもり上がっている |
| ❹ | | | 同じように小えだが無数に落ちていた |
| ❺ | いるではありませんか | 目をつけてみました<br>下の方を見ていくと<br>見つかりました | 冬芽が数こと小さなくぼみである葉痕<br>丸い形をしたあとのようなもの<br>凹型になっている |

落ちえだの秘密の発見へ（謎の解き明し）

だ分かれした所へ（部分への焦点化）

1　**筆者の疑問が何から生まれ、その疑問から推論へどのように導かれていったのか筆者の思いや考えの変遷を読む。**

筆者が疑問をもったり、驚いたり、発見して喜んだり、分かったりしていく、筆者の視点の過程・移り変わりを読むことが大切な説明文である。

筆者の視点や思いが動くとき、何を見て、何を発見して視点や思いが変化したのか、その因果関係を読むことが大切になる。

2　**筆者が何を見たのか、また、見ているものが全体から部分や詳細へ、どのようにフォーカスしていったのか、「落ちえだ」現象を定義するための論証の過程を読む。**

答え ←

| | | | |
|---|---|---|---|
| ❻ | どきどきしながら | 凸型の部分を当てると | 拾った小えだの凸型の部分が凹型におさまった |
| ❼ | | えだのあちこちに見つかり | 大きさはいろいろ 小さなあとには小さなえだ |
| ❽ | にんまりしていました | えだを拾い ぴったりとおさまる所を見つけては | |
| ❾ | 分かりました | | 「落ちえだ」という現象 |
| ❿ | 水分や養分の行き来がなくなり | 詳細 | えだのつけ根でも |

← 不思議な疑問から

← 雑木林（全体）から、小枝の

| | |
|---|---|
| ⓫ | 問い　では、なぜ「落ちえだ」現象が見られるのでしょうか。 |
| ⓬ | 相当な数です<br>どんどんこみ入ってきて、大変なことになります<br>自然にかれるのでしょう　推論<br>コナラやクヌギは、春になるとどのえだ先からも新しいえだが、二から四本出てきます<br>でも、実際の木のすがたはすっきりしています |
| ⓭ | つまり、自らせん定して、最良の樹形を作っていた　答え |
| ⓮ | まとめ　えだえだは重なりすぎることもなく、空間をきんいつに分け合った美しいすがたをしています。 |

❶〜❿　「落ちえだ」という現象の定義

⓫〜⓭　「落ちえだ」という現象の理由

⓮

筆者が見ているものは、全体から部分へ、大きな部分から詳細な部分へフォーカスしていく。それは、筆者が単に眺めているだけでなく、その全体から部分にフォーカスしていく理由が存在するからである。その理由とは、筆者の発見や気づきなのである。例えば、次のフォーカス部分では、次のようになる。

○十センチメートルほどの小さなえだ→五十センチメートルもある大きなえだ→同じ特ちょう→えだの根もとが丸くなめらか

○丸い形をしたあと→拾った小えだの凸型の部分→ぴったりと凹型におさまる

というようなフォーカスをもとに、次のような論理で筆者は論証していく。

「強風や大雨などの力によって、ポキリと折れたえだではないことはたしかでした。」

「コナラや丸いどんぐりのなるクヌギの木がたくさんありましたが」

「頭上のコナラのえだに目をつけてみました。」

「ぴたりと凹型におさまったのです。」

↓　『落ちえだ』という現象

『落ちえだ』という現象を科学的に論証していく、筆者の論の展開を読み取ることが大切になる。

## 単元プラン◆「落ち葉」ではなく「落ちえだ」（3～4時間）

### ◎第1段階
### 共通の土俵をつくる

**1 繰り返し音読をして、文章全体の内容を把握し、題名について話し合う。**
・題名「『落ち葉』ではなく『落ちえだ』」とあるように、「落ちえだ現象」についての説明文であることをおさえる。

**2 問いの文と答えの文をおさえて、全体がいくつのまとまりでできているかを把握する。**
・問いⅠ　❶どうして同じようなえだが落ちているか。
・答えⅠ　❾「落ちえだ」という現象。
・問いⅡ　⓫なぜ「落ちえだ」現象が見られるのか。
・答えⅡ　⓭自らせん定して、最良の樹形を作っていた。

**3 ❶～❿段落、⓫～⓭段落、⓮段落の三つの部分に分かれていることを把握する。**

**4 二つの問いと答えから、読みの課題を作る。**
・えだが落ちていることから、「落ちえだ」現象だと分かるまで、筆者はどのように気づいていったのだろう。
・「落ちえだ」現象が見られる理由とは、何だろう。

---

**教材の論理**

### ◆分析から見えてくる教材「『落ち葉』ではなく『落ちえだか』」の特徴

・**推論過程を論証していく。**
「落ち葉」ではなく「落ちえだ」という現象を、筆者が何を見て、どんな推論を立てたのか、そして、どのように論証していったのかを解き明かしていく。

・**筆者の疑問、発見、驚きなど、筆者の視点に立つ。**
筆者が疑問をもったり、驚いたり、発見して喜んだり、わかったりしていく、筆者の視点の過程・移り変わりが中心的な文脈となっている。

・**［はじめ］の部分がない、尾括型の説明文**
大きく二つの部分に分かれる。一つ目は、❶～❿段落の「落ちえだ」という現象を発見し説明している意味段落で、二つ目は、⓫～⓭段落の「落ちえだ」現象が起こる目的が説明されている意味段落である。そして、⓮段落では、今までの内容をまとめてはいないが、話題をもう一度振り返り、「落ちえだ」による木の枝ぶりの風景の意味を説明している。

**指導のねらい**

### ◆教材「『落ち葉』ではなく『落ちえだか』」では、こんな力をつける

・筆者の疑問が何から生まれ、その疑問から推論へどのように導かれていったのか筆者の思いや考えの移り変わりを読む。
・筆者が何を見たのか、また、見ているものが全体から部分や詳細へどのようにフォーカスしていったのか、「落ちえだ」現象を定義するための論証の過程を読む。

◎第２段階

## 内容の読みから問いの解決をはかる

**1　読みの課題Ⅰ（筆者が疑問に思ったことが、どのように分かったのか解き明かす言語活動）**

○えだが落ちていることから、「落ちえだ」現象だと分かるまで、筆者はどのように気づいたのだろう。

・筆者の見た物、観察したこと、疑問に思ったことをつなぎながら読み取る。

・筆者の視点や思いが動くとき、何を見て、何を発見して視点や思いが変化したのかを読み取る。

**2　読みの課題Ⅱ（筆者がどんな論理でその事実を説明しているのか、読み解く言語活動）**

○「落ちえだ」現象が見られる理由とは、何だろう。

・「美しいすがた」から「最良の樹形」へと、抽象から具体に向かって説明する方法で、「落ちえだ」現象が見られる理由を読み取る。

・「自らをせん定する」ことの具体を説明できるように、「落ちえだ」現象が見られる理由をまとめる。

◎第３段階

## 文章全体を読むことから表現に向かう

**1　全体のまとめの段落を作る。**

・⓮段落では、今までの内容をまとめてはいない。話題をもう一度振り返り、「落ちえだ」による木の枝ぶりの風景の意味を説明しているだけなので、二つの意味段落のまとめの段落をつくる。

**2　まとめの段落を入れて、二つの意味段落同士の関係を考えて、全体の文章構成図を書く。**

・⓯段落構成にして、文章構成図を作成する。

説明文教材・４年生

# ウナギのなぞを追って

塚本　勝巳

◆本書で元にした教科書　光村図書「国語」平成二十七年度　四年下

概要

ウナギの産卵場所を見つける調査を時系列でまとめた文章である。筆者自身がその調査に加わり、ドキュメンタリータッチの調査報告文である。しかし、その調査方法は極めて科学的で、調査によって明らかになった「事実」とその事実をもとにした予想（仮説）、そして調査、その繰り返しであることが述べられている。

教材分析

## ウナギのなぞを追って

現在

はじめ

❶

今年もマリアナの海にやって来ました。

目的は？

❷❸

たまごを産む場所を見つける調査が始まったのは、一九三〇年ごろのことでした。

それからこの場所がつき止められるまでに、実に八十年近くの年月がかかったのです。

教材分析の視点

### ◆「説明文の10の観点」による分析

| | |
|---|---|
| 題名・題材・話題 | どんな「なぞ」なのか、「追って」どうなったのか、なぜ、「ウナギ」なのか、さまざまな疑問を抱かせる題名である。 |
| 文章構成 | ・［はじめ］…❶～❸段落<br>・［中］１…❹～❼段落<br>・［中］２…❽～⓬段落<br>・［終わり］…⓭段落 |
| 事例 | 年月、レプトセファルスの体長の数値、図が事実を具体化している。 |
| 要点・要約 | 筆者が「わたし」として登場する。筆者として、「もっとも大変だったことは何か？」「この調査をひと言で言い表すとどんな調査か？」などの問いに答えることが、要点把握、そして、要約となる。 |
| 繰り返し | 「事実→仮説（予想）→調査」の繰り返し |

### 1　教材の特徴として

調査のプロセスは、年代を手がかりにすれば、とらえやすくなっている。また、図と文章を対応させることで、調査内容もわかりやすくなっている。文章は、科学的な事実を説明しながらも、その書きぶりはどこか物語的で、文中には、筆者が「わたし」として登場する。

　文章構造でもっとも特徴的なのは、「つき止めた事実と、事実から導き出される予想、さらなる調査」という繰り返しで述べられているところである。この地道な繰り返しの調査が謎を解き明かすことができた理由であり、その年月と重なって、どれだけの苦労と喜びがあっただろうかという思いを抱かせる。

| | 過去 | | | | | 現在 |
|---|---|---|---|---|---|---|
| | 中 | | | | | 終わり |
| レプトセファルス探し | | | 産卵場所の特定 | | | |

| 段落 | 年代 | つき止めた事実 | 事実からの予想 |
|---|---|---|---|
| ❺❹ | 一九六七年 | 台湾の近くの海で体長五十四ミリメートルのレプトセファルスがとれる。 | ・レプトセファルスが生まれた場所は、海流をもっとさかのぼった先にある。 |
| ❻ | 一九七三年 | 予想どおり、とれるレプトセファルスの体長は、四十、三十、二十ミリメートルとなる。（図3） | |
| ❼ | 一九九一年 | マリアナ諸島の西、北赤道海流の中で、十ミリメートル前後のレプトセファルスを約千びきとる。 | ・二十日分のきょりを計算してさかのぼれば、親ウナギがたまごを産んだ場所にたどり着けるはずである。 |
| ❾❽ | 一九九四年ごろ | 北赤道海流を東へ行くと、だんだん小さくなって、海山のところでとれなくなっている。（図4）<br>多くのたんじょう日が、新月の日前後に集まっている。（図5） | ・親ウナギがたまごを産む場所を決めるときに、海山が何かの役に立っている。<br>・ウナギは、新月のころに合わせて、たまごを産んでいる。 |
| ⓫❿ | 二〇〇五年 | 新月の日、マリアナ諸島の西にある海山付近で体長五ミリメートル、生後わずか二日の、ウナギのレプトセファルスを見つける。 | ・「新月のころ」「フロントと海山の連なりが交わる地点」でたまごを産む。（図6） |
| ⓬ | 二〇〇九年 | 一・六ミリメートルのウナギのたまごをとる。ウナギがたまごを産む場所にたどり着く。（図7） | |

| ⓭ |
|---|
| ウナギがどこでたまごを産むのかという問題は、これでほぼ明らかになったといっていいでしょう。今年もマリアナの海にやって来たのです。 |

新しい目的のために来たことを強調

**2 調査内容をとらえるために**

本文は、ドキュメンタリータッチの文章で興味をもって読み進めていくことができる。

しかし、調査内容や予想は、科学的、専門的で簡単ではない。それをとらえるためには、図と文章を対応させながら読むことである。具体的には、文章に記述されている内容が図のどこに表されているかをチェックすることや図に表題をつけることなどである。「情報を的確におさえて読む」という読み方でもある。

**3 調査の繰り返しを表に**

「ウナギのなぞを追って」の最大の特徴は、調査である。どのように調査が進み、ウナギの産卵場所にたどり着いたかを読んでいく。表に整理する段階では、未完成の表（教材分析図を参照）を提示して、縦軸の項目に入る観点を考えさせ、内容を整理することができるようにする。さらに、整理した表に矢印を入れさせ、調査と予想の繰り返しをとらえさせる。

※産卵場所の特定と本教材について

この文章が教科書に掲載された当初は、ウナギの産卵場所については特定されていなかった。その後、二〇〇九年に産卵場所が特定されたことから、この文章も加筆修正され、現在の形になっている。

# 単元プラン◆「ウナギのなぞを追って」（7～8時間）

## ◎第1段階

## 共通の土俵をつくる

**1 文章を「はじめ」「中」「終わり」に分け、❸段落と⓭段落で対応する文を見つける。**

❸段落……それからこの場所（ウナギがたまごを産む場所）がつき止められるまでに、実に八十年近くの年月がかかったのです。

⓭段落……ウナギがどこでたまごを産むのかという問題は、これでほぼ明らかになったといっていいでしょう。

・この文章を読んでもっとも心に残ったところを交流する。
・ウナギがたまごを産む場所を発見できた理由や発見できたときの筆者の喜びを追究課題として設定する。

教材の論理

◆ **分析から見えてくる教材「ウナギのなぞを追って」の特徴**

**1 ドキュメンタリータッチの描き方**

科学的な実証でありながら、その描き方はどこか物語的で、現在 - 過去 - 現在といった額縁構造を感じさせる。「実に」「ついにそのしゅんかんは、」など、産卵場所にたどり着いた喜びが記されている。

**2 本文の理解をうながす図表**

本文には七つの図が示されている。いずれも説明内容をより確かに伝えるための工夫である。説明内容が専門的であるが故に、これらの図は理解の助けになる。本文には図を参照する箇所が括弧書きである。図には表題がついていない。

**3 事実 - 仮説（予想）- 調査の繰り返しの文章構造**

本文は、80 年という長い年月における調査のプロセスを述べている。（つき止めた事実→それをもとにした仮説（予想）→調査」という繰り返しが本文を特徴づける述べ方となっている。

指導のねらい

◆ **教材「ウナギのなぞを追って」では、こんな力をつける**

・問いと答えの説明文と比較し、ドキュメンタリータッチの説明文の特徴をつかむ。
・図表と本文を対応させ、事例の内容を読み取る。
・仮説と調査の繰り返しを表にまとめ、科学的であることをとらえる。

◎第２段階

## 情報を関係づける

**１　ウナギのなぞをどのように追っていったのか、年代と出来事で整理する。**

１９３０年ごろ　調査が始まる。
１９６７年　体長54ミリメートルのレプトセファルスがとれる。
１９７３年　筆者が調査に加わり、調査のはんいを広げる。
１９９１年　体長10ミリメートル前後のレプトセファルスを約千びきとる。
１９９４年ごろ　これまでの調査を整理する。
２００５年　体長５ミリメートル、生後二日のレプトセファルスを見つける。
２００９年　ウナギがたまごを産む場所にたどり着く。

**２　図と文章を対応させる。**

・図のどこに説明内容が表されているかを考える。
・図にタイトルをつける。
・図の中で不要な図はないか、新たに加える図はないかを話し合う。

**３　調査のプロセスを表にまとめる。****（92・93ページの教材分析を参照）**

縦軸に入れる項目を考える。
・文章全体を表にまとめる。
・表に矢印を加え、「ウナギがたまごを産む場所にたどり着けた理由」を話し合う。

◎第３段階

## 読みを表現する

**１　要約文を書く。**

・次のことを整理し、文章を要約する。
「レプトセファルス探し」…どのようにして探したのか、どうやって見つけたのか。
「産卵場所の特定」…どうやって産卵場所にたどり着いたか。
・冒頭の「今年もマリアナの海にやって来ました。」について読みを生かして何のためにやってきたのかをまとめる。
→内容を読めているかどうかがわかる。

説明文教材・５年生

# 生命のかて・塩

半田　昌之

◆本書で元にした教科書　学校図書「小学校国語」平成二十七年度　五年上

・・・概要・・・

塩が人間にとって必要な大切なもので、欠かすことができないものであること（塩が生命のかてであること）を、事例（塩の働き）を挙げながら、双括型の文章構成で述べている。

**教材分析の視点**

## ◆「説明文の10の観点」による分析

| | |
|---|---|
| 題名 | 「生命のかて・塩」<br>「塩は生命のかてである」（倒置）題名が要旨になっている。 |
| 文章構成図 | 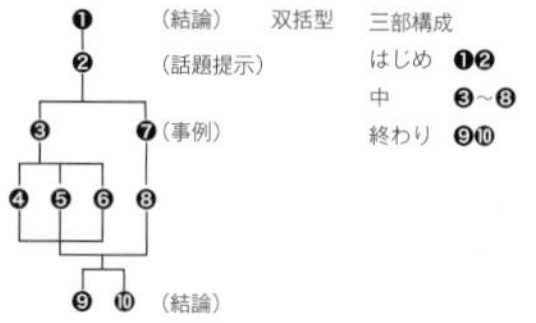 |
| 事例（具体と抽象） | 塩の働きは、「体の中での働き」❸❹❺❻と「調味料としての働き」❼❽に分けられ、具体（事例）と抽象（要旨）の関係になっている。 |
| 繰り返し | 題名「生命のかて・塩」<br>❶段落「人間にとって必要なもの」「他のものでは置きかえることができない」「健康にくらしていくうえでとても大切」<br>❾段落「欠かすことはできない」<br>❿段落「かくれている塩の力」<br>筆者の主張が繰り返し別の言葉で言い表されている。題名が言い換えられている。 |

教材分析

## 生命のかて・塩

題名　「塩は生命のかてである」の倒置になっている。

精神や生活の活力の源泉、豊かにし、また力づけるもの、必要なもの、支え、源、エネルギー

中点（中黒）の働き……結びつきの強い言葉を並べたりつないだりするときに使う、記号、＝としての役割

❶塩は、人間にとって必要なもので、他のものでは置きかえることのできない働きをしています。また、わたしたちが健康にくらしていくうえで、とても大切なものです。

❷塩は、体の中では、人間の体の六十～七十パーセントをしめる水分にとけこんでいます。ざっと計算してみると、体重が五十キログラムの人だと、およそ百グラムの塩が体の中で働いていることになります。

❸体の中にとけこんだ塩は、大きくまとめると次のような働きをしています。

結論1

話題提示

### 1　双括型の説明的文章

結論1→話題提示→事例1～4→結論2という双括型になっている。事例は、「体の中での塩の働き」（❸～❻段落）と「調味料としての塩の働き」（❼、❽段落）の、大きく二つに分けられる。細かく分けると、塩の働きとして四つ、「体の中の水分の量を調節する」「消化液の働きを活発にする」「体を動かすとき筋肉の収縮を助ける」「調味料としてうまみを引き出す」が挙げられている。

双括型の文章では、はじめと終わりに同様の結論が述べられている。しかし、比べてみると多くの場合違いがある。はじめの結論は、筆者の伝えたいことの骨子が前提として述べられており、「なぜこのような結論になるのか」という問題提示にもなっているが、終わりの結論は、

❹第一に、塩は、決まったこさで血液などにとけこむことで、体の中の水分の量を調整する働きをしています。

❺第二に、塩は、消化液の働きを活発にするなどの働きをしています。

❻この他にも、塩にふくまれるナトリウムは、体を動かすとき、筋肉の収縮を助けるなどの働きがあります。

❼塩が大切なのは、体の中だけではありません。塩は、わたしたちが食事をする時の調味料としても、とても重要な働きをしています。昔から料理の修行で、「塩ふり三年」と言われるように、塩加減は、食べ物のうまみを引き出す最も大切で、しかも、むずかしいものなのです。

❽また、「いいあんばい」という言葉がありますが、これは漢字で「塩梅」と書きます。読んで字のごとく、塩と梅のバランスのとれた状態を言っています。おいしい食事は健康なくらしのきほんです。塩の使い方で、毎日の食事を「いいあんばい」にしています。

❾毎日、元気に体を動かして、勉強や運動を楽しむためにも、塩を欠かすことはできないのです。

❿「朝、一ぱいのみそしるを飲むと、今日もがんばるぞ！という気持ちになる。」と言う人がいますが、ひょっとしたら、それはみそしるにかくれている塩の力のせいかもしれません。

事例1
塩の働き1
体の中の水分の量を調節する。

事例2
塩の働き2
消化液の働きを活発にする。

事例3
塩の働き3
筋肉の収縮を助ける。

体の中での働き

事例4
塩の働き4
(調味料として)
・塩加減で食べ物のうまみを引き出す。
(塩梅という言葉)
・塩の使い方で食事をいいあんばいにしている。

調味料としての働き

結論2

問題に対する本論での事例を挙げての説明をふまえたものになっているので、違いに着目すると、筆者が本論で明らかにしようとしたことを読み取るヒントになる。二つの結論を比べて、その違いや軽重、役割などを考えられるようにする。

### 2 書かれている順序

形式段落の最初に「体の中にとけこんだ塩は、大きくまとめると次のような働き……」「第一に」「第二に」「この他にも」「塩が大切なのは、体の中だけではありません」「また」といったナンバリングや順序を表す言葉が使われており、「中」の関係がとらえやすく、説明の順序もわかりやすい。

### 3 題名から筆者の主張を読む

「生命のかて・塩」という題名は、筆者の主張＝要旨が表れている。題名を一つの文で表してみると、「塩は生命のかてである」と倒置になることを確認する。中点と倒置法の働きをおさえることで、筆者がより強調したかったこと、主張したかったことをつかめるようにする。

また、題名「生命のかて」を本文の中で言い換えている言葉（筆者の主張が繰り返し別の言い方で言い表されている言葉）として、「人間にとって必要なもの」「他のものでは置きかえることができない」「健康にくらしていくうえでとても大切」「欠かすことはできない」「かくれている塩の力」などをおさえる。

◎第1段階

## 共通の土俵をつくる

### 単元プラン◆「生命のかて・塩」（2〜3時間）

**1　題名を考える。**

・「かて」を空欄にした題名を見せ、空欄に入る言葉を考えさせる。

「・」中点（中黒）の働きをおさえる。（結びつきの強い言葉を並べたりつないだりするときに使う記号であること、＝としての役割、読点よりも全体が一つの固まりである意味合いが強くなること、物の名前の前に肩書きや説明を書く場合に区切りとして使われたりすること、まとまった概念を示すときに使われるなど）

・「かて」という言葉がどんな場面で使われるか、どんな場面で聞いたことがあるか、問う。

・題名を一つの文に表すとどうなるか考える。

・〝塩は生命のかてである〟と倒置になることを確認する。倒置にすると強調されることもおさえる。

**2　文章全体を読み、内容を把握する。**

・10段落構成の文章であることをおさえる。

**3　全体を三つに分け、双括型の構成をつかむ。**

**4　題名と「はじめ」（❶・❷段落）から問いをつくる。**

・塩はどうして生命のかてなの？　人間にとって大切なものなの？

教材の論理

### ◆分析から見えてくる教材「生命のかて・塩」の特徴

**・双括型の説明的文章**

結論１（❶段落）→話題提示（❷段落）→事例（❸〜❽段落→結論２（❾、❿段落）という双括型。

事例は、大きく分けると「体の中での塩の働き」（❸〜❻段落）と「調味料としての塩の働き」（❼、❽段落）の二つで、細かく分けると、事例１（❹段落）、事例２（❺段落）、事例３（❻段落）、事例４（❼、❽段落）の四つの塩の働きである。

主張と事例との関係がとらえやすい構成になっている。

結論１と結論２を比べることで、双括型の特徴をとらえられるようにする。

**・[中]の順序がわかりやすい**

「第一に」「第二に」「この他に」といったナンバリングで、[中]の関係がとらえやすく、順序を表す言葉で説明の順序がわかりやすい。事例を比べながら読み取る力をつけることができる。

**・題名が要旨になっている**

筆者の主張「塩は生命のかてである」が倒置で表されおり、読者を引きつける題名になっている。中点と倒置の働きをおさえ、題名を一つの文に書き直すことにより、要旨をとらえることができる。

指導のねらい

### ◆教材「生命のかて・塩」では、こんな力をつける

- 双括型の説明文の仕組みを理解する。
- 要旨をとらえる。
- 具体（事例）と抽象（要旨）の関係をとらえる。
- 事例を比べながら読み取る。
- 説明文の順序や述べ方がわかる。

・塩はどんな働きをしているの?
＊第1段階で、各段落をバラバラにして、正しい順序を考えるという展開も考えられる。

◎第2段階

## 内容の読みから問いの解決をはかる

**1 塩がどんな働きをしているのか、いくつの働きが書かれているのかを読む。**

・「中」の部分にいくつ事例が挙げられているか、事例を比較しながら、四つの塩の働きが述べられていることをつかむ。(体にとけこんだ塩の働き・事例1～3、調味料としての塩の働き・事例4)。

**2 文章全体の中で、最初の段落が果たしている役割をとらえ、双括型の説明文の特徴をおさえる。**

**3 筆者は、塩の働きから何を主張しようとしたのか、要旨をとらえる。**

・具体と抽象の関係、事例と主張の関係をおさえる。
・結論1と結論2を比べる。
・結論2のほうが、結論1より筆者の主張が強いことを理解する。(「塩を欠かすことはできないのです。」)
＊本論の情報を受けたうえで述べられているので、より主張性の強い内容になり、そのことによって説得力が強くなることを知る。

**4 題名がより抽象的な要旨になっていることを理解する。**

・「生命のかて」を本文の中で言い換えている言葉をおさえ、題名が要旨になっており、より抽象的な言葉で強調されていることを確認する。

結論1　❶段落から「人間にとって必要なもの」「他のものでは置きかえることができない」「健康にくらしていくうえでとても大切」

結論2　❾❿段落から「欠かすことはできない」「かくれている塩の力」

◎第3段階

## 表現に向かう

**1 筆者の主張をまとめ、それに対する自分の考えを書く。**

・要旨をふまえて短く要約し、それに対して自分の考えを表現する。
・要約の仕方を示し、文型を意識して書けるようにする。また、筆者の主張や述べ方に対する意見、最初に塩についてもっていたイメージと変わったかどうかの感想、文字数の指定など、書く内容に条件を示し、それらが評価の観点になるようにする。

説明文教材・5年生

# 想像力のスイッチを入れよう

下村 健一

◆本書で元にした教科書 光村図書「国語」平成二十七年度 五年

・・・・・・概要・・・・・・

メディアから受け取る情報をそのまま受け取ると、誰かを苦しめたり、誰かに不利益を与えたりすることが起こりうる。それは、私たちの思いこみが原因である。思いこみを防ぐためには、「想像力のスイッチ」を入れる努力をすることが必要である。与えられた情報に対して、「冷静に見直すこと」「伝えていないことについても想像力を働かせること」「結論を急がないこと」という視点で「想像力のスイッチ」を入れて考えることが大切である。

教材分析

## 想像力のスイッチを入れよう

思いこみを減らすため、「想像力のスイッチ」を入れてみることが大切。

はじめ

❶「前回より、五位も下がってしまいました。」

❷「でも、三十秒もタイムがちぢまってますよ。」

❸何を大事と思うかによって、発信する内容がずいぶんちがってくる。

❹メディアから発信された情報もまた、事実の全ての面を伝えることはできない。

❺例えば、図①、図②、図③。
切り取られた情報だけから全体を判断したことによる思いこみ。

❻思いこみを減らすため、わたしたちは、あたえられた情報を事実の全てだと受け止めるのではなく、頭の中で「想像力のスイッチ」を入れてみることが大切なのである。

発信者の立場→事実の全ての面を伝えることはできない。

### 教材分析の視点

### ◆「説明文の10の観点」による分析

| | |
|---|---|
| 段落 | 段落の主語<br>❻…「わたしたち」<br>❼⓭⓮…「報道」<br>⓯⓰…「あなた」 |
| 事例 | メディアの報道 |
| 文章構成 | 全体が双括型<br>［中］が尾括型 |
| 繰り返し | 「想像のスイッチ」 |
| 比較しているもの・こと | あたえられた小さいまどから小さい景色をながめること（スイッチ OFF）<br>↓<br>自分の想像力でかべを破り大きな景色を眺めること（スイッチ ON） |

### ① 「想像力のスイッチ」という言葉の繰り返しから見える文章構成

双括型の構成で、［はじめ］の主張と［終わり］の主張では、その意味が変化している。［はじめ］が「思いこみを減らすために、想像力のスイッチを入れてみることが大切である」と述べているのに対して、［終わり］では、「思いこみを防ぐために、想像力のスイッチを入れる努力をすることが必要だ」と述べている。

双括型の文章は、最初の主張に＋αをして最後の主張を述べる。本教材もまさにそういう構成になっている。また、［はじめ］が「わたしたち」という主体なのに対して、［終わり］は「あなた」が主体になっていることからも筆者の＋αの主張の強さを感じる。

文章全体は双括型

+α

思いこみを減らすため、「想像力のスイッチ」を入れる努力が大切。

［中］の部分がさらに三つに分かれ、尾括型なっている。

**中**

**はじめ**

❼具体的に考えてみる報道

サッカーの人気チームで監督が辞任することになり、Aさんが新しい監督になるのではないかと注目が集まっている。

**中**

| 段落 | 大切なこと（抽象） | 想像力のスイッチ（具体） | （さらなる具体） |
|---|---|---|---|
| ❽ | メディアが考えた情報について冷静に見直す | 『事実かな、印象かな。』と考えてみる | ？ |
| ❾❿ | | 『他の見方もないかな。』と想像する | ？ |
| ⓫ | 伝えていないことについても想像力を働かせる | 『何が隠れているかな。』と想像する | 「他の人が監督になる可能性はないのか。」と想像してみる。 |
| ⓬ | 結論を急がない | 『まだわからないよね。』と考える。 | ？ |

**終わり**

⓭Aさんに大きな仕事をたのもうとしていた会社が、他の人にその仕事のいらいを変更してしまうなどのことが起こった**報道**

⓮思いこみや推測によってだれかを苦しめたり、だれかが不利益を受けたりすることは、実際に起こりうる**報道**

**終わり**

⓯メディアはあやまった思いこみをあたえたりしようとしているわけではないが、時に、思いこみにつながる表現になってしまうことがある。思いこみを防ぐためメディアの側も、情報を受け取るあなたの側も、それぞれに努力が必要。

⓰あなたの努力…「想像力のスイッチ」を入れること。

あたえられた小さいまどから小さい景色をながめるのではなく、自分の想像力でかべを破り、大きな景色をながめて判断できる人間になってほしい。

**受信者の立場**→切り取られた情報だけから全体を判断したと思いこんでしまう。

**2 「具体的に考えてみよう」の「何を」をとらえる**

❼段落に「次のような報道を例に、具体的に考えてみよう」とあるが、何を具体的に考えるのかのとらえがあいまいだと、文章構成を理解することが難しくなる。

ここで「具体的に考える」のは❻段落の「『想像力のスイッチ』を入れてみることが大切であること」であり、❼段落の前に問いの一文を入れるとしたら、「どうして、『想像力のスイッチ』を入れてみることが大切なのでしょうか。」となり、その答えは、⓭⓮段落にある。このことから、［中］の部分にもさらに尾括型の構成になっていることがわかる。

**3 筆者の主張の観点で具体をとらえ直す**

⓰段落から、筆者は、「小さな景色をながめること」と「大きな景色をながめること」を比べていることがわかる。

「小さな景色をながめる」とは「『想像力のスイッチ』をオフ」にしている状態でメディアからの情報を受け取ることで、「大きな景色をながめる」とは「『想像力のスイッチ』をオン」にしてメディアからの情報を受け取ることである。

［中］で書かれている事例を「小さな景色」と「大きな景色」という比較の観点で表にまとめることで、筆者の主張を適切に読むことができる。

教材の論理

### ◆ 分析から見えてくる教材「想像力のスイッチを入れよう」の特徴

・双括型の文章。「想像力のスイッチ」という言葉の繰り返しから双括型で述べられていることがとらえやすい。
・「思いこみを減らすため、『想像力のスイッチ』を入れてみることが大切」という表現から、「思い込みを防ぐため、『想像力のスイッチ』を入れる努力が必要」という表現へ、筆者の主張が強くなっている。（＋α）
・具体（事例）を大きく三つ述べていることが、「まず」「次に」「最後に」という順序を表す言葉からわかる。さらに、三つの事例の具体を『』を使って表現している。
・具体をとらえる表のつくり方が２種類ある。一つは、101 ページの表。もう一つは、次の表。

| 段落 | 小さな景色（「想像力のスイッチ」オフ） | 大きな景色（「想像力のスイッチ」オン） |
|---|---|---|
| ❽ | Ａさんが何かをかくしているな。 | うら口から出たのは、その方向に行く必要があったからかもしれない。 |
| ❿ | Ａさんが新しい監督になるのだな。 | 相手側の都合で急にキャンセルしたのかもしれない。 |
| ⓫ | Ａさんが新しい監督になるのだな。 | 他の人が監督になる可能性はないかな。 |
| ⓬ | 図①のかくれている部分には円の半分があるんだな。<br>図②のかくれている部分には、正方形の半分があるんだな。 | 図①も図②ももしかしたら別の形がかくれているんじゃないだろうか。 |
| ⓭ | ここまで考えても他の人になるとは思えないから、Ａさんが新しい監督になるにちがいない。 | まだ、Ａさんが新しい監督になるかどうかはわからないぞ。 |

指導のねらい

### ◆ 教材「想像力のスイッチを入れよう」では、こんな力をつける

・繰り返しの言葉「想像力のスイッチ」に着目することで、双括型の文章であることに気づく。
・問いと答えの関係をおさえることで、［中］の段落の範囲を明確にとらえる。
・筆者の主張から比べている事実をつかみ、［中］の具体の役割をつかむ。

## 単元プラン ◆「想像力のスイッチを入れよう」（7時間）

### ◎第１段階
### 文章の大まかな構成をとらえる

1 音読をとおして文章全体の内容を把握する。
2「想像力のスイッチ」がいくつ書かれているか考える。
○「想像力のスイッチ」という言葉の数を数える
・「 」付きの想像力のスイッチと裸の想像力のスイッチの違いに気づく。
3「想像力のスイッチ」の言葉から全体を大きく三つに分ける。
○❼段落の「具体的に考えてみよう」は何を具体的に考えるのかを読む。
○［はじめ］（❶～❻段落）、［中］（❼～⓮段落）、［終わり］（⓯、⓰段落）に分ける。

◎第2段階

## 内容の読みから問いの解決をはかる

1 ⓬段落の「　」のつかない想像力のスイッチの意味を考える。

○［中］に書かれた三つのことを表にまとめることで、それぞれの役割を考える。

○「まず」「次に」「最後に」で始まる三つの事例が並列の関係ではなく、積み上げ構造になっていることに気づくことで、「　」のつかない想像力のスイッチが完全な想像力のスイッチではないことを読む。

2 ⓰段落の筆者の主張から、「筆者が比べていること」をまとめる。

○「小さな景色をながめる（「創造力のスイッチ」ＯＦＦ）」と「大きな景色をながめる（「想像力のスイッチ」ＯＮ）」を項目として表にまとめる。

◎第3段階

## 読みを表現する

1 意見文を書く。

○要約文を書く。

書き出しを「筆者は」とし、「このことから」という言葉を使って要約する。

○要約文の続きを「わたしは」で書き出し、意見文としてまとめる。

説明文教材・6年生

# 「本物の森」で未来を守る

宮脇　昭

◆本書で元にした教科書　学校図書「小学校国語」平成二十七年度　六年下

……概要……

「本物の森」の再生によって、私たちの未来を、自然災害から守ろうという筆者の考えを伝えた文章である。文章構成は、尾括型構成で、［本論］[1]では、「本物の森」の強さを述べ、［本論］[2]では、自身が展開する「森の防波堤」プロジェクトを紹介する。

### 教材分析の視点

#### ◆「説明文の10の観点」による分析

| | |
|---|---|
| 題名・題材・話題 | 題名に筆者の考えが集約されている。「本物の森」とは何か？どのように未来を守るのか？など興味・関心を抱かせる題名である。 |
| 文章構成 | ［序論］…❶〜❹段落<br>［本論］[1]…❺〜⓬段落<br>［本論］[2]…⓭〜⓲段落<br>［本論］のまとめ…⓳段落<br>［結論］…⓴段落 |
| 要点 | 「本物の森」は、本文全体で繰り返し使用されている。「森の防波堤」は、後半の事例から加わるキーワードである。いずれも、「　」付で示されている。 |
| 事例 | 「本論」[1]には、「本物の森」の強さが❽〜❿段落で具体的に示されている。<br>「本論」[2]には、「森の防波堤」のメリットが⓯〜⓲段落で、その工程とともに具体的に示されている。図や写真がその具体性を高めている。 |

教材分析

## 「本物の森」で未来を守る

**序論**

❶〜❹〈話題〉
本来あるべき姿の森は、人間の生活によって切りひらかれ、もともとあった木々がだんだんとなくなってしまったのである。

[1] **教材の特徴として**

文章全体の構成は、キーワードを手がかりにすればとらえやすい。ただ、❷段落にある問いの文には気をつけたい。全体の問いではなく、その答えは❹段落にある。ここまでが〈話題〉である。

もっとも特徴的なのは、筆者の考えの根拠が明確であるということである。筆者の考えを裏づける具体的な事実が説得性を高めている。また、［本論］[1]と［本論］[2]の関係は、事柄の並列ではない。［本論］[1]があることによって、［本論］[2]の説得力が増す。［本論］[1]は、［本論］2の根拠となり、「結論」の筆者の考えへと向かう。

本文は、自然災害に対する防災について筆者

根拠

本論

対応している

【本論】1…「本物の森」の強さ

❺～❼「鎮守の森」としての「本物の森」

❽～❿「本物の森」の自然災害に対する強さの証明

⓫～⓬自然の持つ強さを生かした防災対策に改めて注目すべきである。（筆者の考え）

【本論】2…「森の防波堤」プロジェクト

⓭～⓮「森の防波堤」プロジェクトの概要

⓯～⓱「森の防波堤」プロジェクトの詳細

⓲「森の防波堤」は、多くの人々のいのちや復興に必要な財産を守ることができる。（筆者の考え）

⓳〈【本論】のまとめ〉

今、最も大事なことは、この地で生まれ育ち、学び、働いている全ての人のいのちと心を守る、本物の森の形成、ふるさとの森作りである。その森は、「森の防波堤」とも「森の長城」ともなって、私たちの文化を守り続ける。

結論

⓴〈主張〉

木を植えることは、いのちを植えること、明日を植えること、そして心に希望のなえを植えることである。人のいのち、未来を守るため、もう一度日本に昔からあった「本物の森」を再生していかなければならない。

の考えが述べられた文章である。その考えを理解し、自分はどう考えるか。「自分の考え」を明らかにしていくことがポイントになる教材である。

### 2 キーワードに着目して

本文には、四つの「」付きの言葉がある。「本物の森」「鎮守の森」「森の防波堤」「森の長城」である。しかし、全体を貫いているのは、「本物の森」であり、【本論】2からは、「森の防波堤」が加わる。次のようにとらえることができる。

・「本物の森」…四つの層をなす植物が一体となって構成された森や林

・「森の防波堤」…震災で発生したガレキと、その土地本来の木々とを組み合わせたもの

### 3 主張と根拠の関係を

「主張」とは、感想、意見、判断、そして、狭義の主張（「～すべきである。」）を含んだものである。いわば、筆者の思い、考えである。本文には、それが随所に表れている。【本論】1の⓬段落、【本論】2の⓲段落、「結論」の段落は中心的な考えである。これを軸に根拠の確かさ（説得力を高める事実か）を検討したい。

## 単元プラン

◎第1段階

### 全体をとらえる

◆「本物の森」で未来を守る（7～8時間）

1　本文のキーワードを見つけ、「本物の森」とは何か、「森の防波堤」とはどのようなものかを簡潔にまとめる。

2　キーワードや問いの文を手がかりに、［序論］、［本論］、［結論］に分け、さらに、［本論］を二つに分け、文章構成の大体をとらえる。

3　形式段落を事実と筆者の考えに分け、［本論］①、②、［結論］の中心的な筆者の考えをつかむ。

［本論］①…科学技術だけにたよらない、自然の持つ強さを生かした防災対策ということに改めて注目すべきだと思います。（⓬段落）

［本論］②…（「森の防波堤は、」）多くの人々のいのちや復興に必要な財産を守ることができるのです。（⓲段落）

［本論］のまとめ…今、最も大事なことは、この地で生まれ育ち、学び、働いている全ての人のいのちと心を守る、本物の森の形成、ふるさとの木による、ふるさとの森作りです。（⓳段落）

［結論］…人のいのちを守るため、未来を守るため、もう一度日本に昔からあった「本物の森」を再生していかなければならないと思っています。（⓴段落）

教材の論理

### ◆分析から見えてくる教材「『本物の森』で未来を守る」の特徴

**○「本物の森」「森の防波堤」というキーワードの構成が見える。**

段落数は20。尾括型構成である。❷段落には、問いの文があるが、この答えは❹段落である。「本物の森」「森の防波堤」という二つのキーワードが明確に出されている（「鎮守の森」「森の長城」は、その代名詞である）。二つのキーワードに着目することで、文章構成をとらえることができる。

**○筆者の考えの根拠が明確**

［本論］①の⓬段落には筆者の考えがある。その根拠は「本物の森」の強さである。［本論］②の⓲段落にも筆者の考えがある。根拠は、「森の防波堤」プロジェクトである。全体構成では、［本論］①、②と、そのまとめである⓳段落の事例が整合している。

**○説明内容の理解をうながす図、写真**

説明内容は、専門的な内容である。その内容理解には、図や写真の助けが大きい。いずれも、本文の具体として示され、表題や解説入りでイメージ化しやすい。筆者の活動する姿にも心を動かされる。

指導のねらい

### ◆教材「『本物の森』で未来を守る」では、こんな力をつける

- キーワードから段落のまとまりをとらえる。
- 図や写真を対応させながら説明内容を読み取る。
- 事実と考えを区別して読み、そのつながりを吟味する。
- 筆者の考えに対する「自分の考え」を明らかにする。

◎第2段階

## 情報を関係づける

1 [本論]①の筆者の考えと事実とのつながりを検討する。

・図や写真を本文と対応させて、説明内容をつかむ。

・筆者の考えを確かめ、「説得力を高めているのはどの段落か?」を話し合う。

・⑩段落がある場合とない場合の説得力の違いについて考える。

2 [本論]②の筆者の考えと事実とのつながりを検討する。

・図や写真を本文と対応させて、説明内容をつかむ。

・筆者の考えを確かめ、「説得力を高めているのはどの段落か?」を話し合う。

・[本論]①がある場合とない場合の、[本論]②の説得力の違いについて考える。

3 [結論]の筆者の考えと[本論]の事例とのつながりを検討する。

・[本論]①・②の事例は、[結論]の筆者の考えの根拠になっているかを話し合う。

・筆者の考えをより確かに受け取るために、加えて欲しい事実や疑問点を検討する。

◎第3段階

## 表現に拓く(「意見文」を書こう!)

~筆者の考えに対する「自分の考え」を意見文として表現する~

1 意見文の構成を確認し、どのような内容を記述すればよいか構想を練る。

・筆者の考え、その考えを伝えるための工夫

・筆者の考えに賛同できる点、疑問に感じる点

・自然災害に対する「自分の考え」

2 全文を書き、交流する。

・「筆者の考えを理解して書いているか?」「自分の考えが明らかになっているか」を評価する。

説明文教材・6年生

# 笑うから楽しい

中村　真

◆本書で元にした教科書　光村図書「国語」平成二十七年度　六年

・・・・概要・・・・

双括型の文章構成で、私たちの体と心の密接な関係について述べている。「えがお」を例に挙げ、「表情」という表面的な体の動きと心との関係、また、「血液」という体の内面の動きと心との関係を、「脳」を介在させ連鎖的に紹介している。

体と心とが「同時に」働きかけ、お互いに深くつながっていることを強調している。

教材分析

## 笑うから楽しい

［序論］
主張①

❶段落　私たちの体の動きと心の動きは、密接に関係しています。例えば、私たちは悲しいときに泣く、楽しいときに笑うというように、

一般的な話 → 心の動きが体の動きに表れます。

この文章で伝えたい話 → 体を動かすことで、心を動かすこともできるのです。

→ 説明する

教材分析の視点

### ◆「説明文の10の観点」による分析

| | |
|---|---|
| 題名・題材・話題 | 「楽しいから笑う」のではない。「笑うから楽しい」のだ。この逆説的な題名に、筆者の主張が表れている。「〜から」でそれを強調している。 |
| 要点 | ❶段落：密接に関係している体の動きと心の動き<br>❷段落：体の動きを読み取り、心の動きを呼び起こす脳<br>❸段落：心の動きを決める脳内の血液温度の変化<br>❹段落：深く関わり合う体と心 |
| 事例（具体と抽象） | どの段落も、「主張（抽象）－根拠（具体）」という構成になっている。<br>「えがお」という事例を共通に挙げている。 |

**1　題名にこめられた筆者の主張をとらえる**

逆説的な題名に、筆者の主張があることをとらえさせる。「あれ、逆じゃない？」と抱く疑問を手がかりに、「『笑うから楽しい』ってどういうこと？」と全体を貫く問いをつくり、読みの方向を示す。

**2　主張と事例を読み分け、事例と主張とのつながりを読む**

四つの段落とも、一文目に主張があり、二文目以降は事例や根拠を述べている。つまり、抽象―具体という述べ方をしている。❶段落の「例えば」、❷段落の「ある実験で」、❹段落の「楽しいという心の動きが」に着目すれば、この述べ方をとらえることができ、主張と事例、根拠

［本論］
**具体的な説明**

❷段落　私たちの脳は、体の動きを読み取って、それに合わせた心の動きを呼び起こします。ある実験で、参加者に口を横に開いて、歯が見えるようにしてもらいました。

具体的に説明

このとき、脳は表情から「今、自分は笑っている」と判断し、笑っているときの心の動き、つまり楽しい気持ちを引き起こしていたのです

さらに詳しく説明する

❸段落　表情によって呼吸が変化し、脳内の血液温度が変わることも、私たちの心の動きを決める大切な要素の一つです。

具体的に説明

えがおになって、たくさんの空気を吸いこむと、脳を流れる血液が冷やされて、楽しい気持ちが生じるのです

主張を繰り返す

［結論］
**主張②**

❹段落　私たちの体と心は、それぞれ別々のものではなく、深く関わり合っています。楽しいという心の動きが、えがおという体の動きに表れるのと同様に、体の動きも心の動きに働きかけるのです。

何かいやなことがあったときは、このことを思い出して、鏡の前でにっこりえがおを作ってみるのもよいかもしれません。

双括型の文章で、［序論］の主張の理由を、［本論］の具体的な事例で説明している。

を読み分けることができる。

❷段落では、体と心の動きを連動させるのに、脳が重要な役割を果たしていることを述べている。

❸段落では、脳の内部に起こる現象について、笑ったときの例を挙げて紹介している。❷段落で述べた「脳の役割」について、より科学的に、具体的に読者に説明している。脳の内部にまで踏み込んで、科学的にその仕組みを説くことは、❶段落の「密接な関係」を具体的に述べたことでもあり、また、読者にとって新たな情報となる。しかも、「～も、大切な要素の一つです」と、他にもまだ要素があることを示している。

これらの❸段落の役割があって、❶段落での主語「体の動きと心の動き」が、「まとめ」の❹段落では、「体と心」と抽象化されていること、さらには、「別々のものではなく、」「深く関わりあっています」という主張を強調している。❹段落の役割をしっかりとらえてつながりを示すことで、双括型の構成の効果が見える。

### 3　問いの文を書き、筆者の主張を尾括型の文章にまとめる

題名からつくった単元を貫く問い、「笑うから楽しいってどういうこと」に対しての答えの文を書く。これまでの読みを生かした表現活動となるよう、三部構成の文章にまとめる。

また、特にまとめの段落に転換する際には、接続詞を適切に用い、論理的にまとめていく。

## 単元プラン◆「笑うから楽しい」（2時間）

◎第1段階

### 共通の土俵をつくる

1 音読や全文視写をしながら、形式段落とまとまりをとらえる。

教科書に示されている形式段落と、三部構成を確認する。

2 全体構成とそれぞれの形式段落の役割と特徴をとらえる。

3 題名から問いの文をつくり、読みの方向をもつ。

・「楽しいから笑う」じゃないの？

・「笑うから楽しい」って、どういうこと？

・「笑うからこそ楽しいのだ」という意味だから、これが伝えたいことなんだ。

教材の論理

### ◆ 分析から見えてくる教材「笑うから楽しい」の特徴

○題名に、筆者の主張がある

「楽しいから笑う」ではなく「笑うから楽しい」と、逆説的な題名が、筆者の主張を提示している。文章中に問いはないが、「『笑うから楽しい』ってどういうこと」と、題名を問いにして読みの方向を提示することができる。

○双括型の文章構成により、筆者の主張を強調している

筆者の主張が❶段落と❹段落にある、双括型の文章構成である。二つの事例はどちらも「えがお」（笑う）を取り上げているが、❷段落は「脳」のはたらき、❸段落は「脳内の血液の温度変化」という体の仕組みを示している。特に❸段落の事例は新たな情報として、体と心との深いつながりを補完している。

○要点がとらえやすい

主張と事例が明確に書き分けられているので、要点をとらえる指導に適している。短い文章であるので、要約する際には尾括型に変換して書く。論理の展開に適合した接続詞を用いるなど、思考する場を設定するとよい。

指導のねらい

### ◆ 教材「笑うから楽しい」では、こんな力をつける

・筆者の主張とそれを支える事例（根拠）を、関連づけて読み取る。

・二つの主張を比較することを通して、双括型の説明の効果をとらえる。

・問いと答えの結びつきを意識し、筆者の主張を尾括型の文章にまとめる。

◎第２段階

## 内容の読みから問いの解決をはかる

### １　形式段落の要点をまとめる。

・一文目に主張があり、二文目以降が事例（根拠）となっている構成に気づき、一文目を、体言止めにしてまとめる。

### ２　段落同士のつながりを読み、双括型であることをつかむ。

・❷段落と❸段落の内容の違いを読み取る。

・❷、❸段落の内容が、❹段落の主張と結びつき、❶段落の主張をより強調していることを読み取り、それが双括型の効果であることに気づく。

### ３　❹段落の続きを、筆者の主張をふまえて書く。

・「～よいかもしれません」と提案していることをつかませ、「それは」「なぜなら」で書き始める。その後の理由に、読み取ったことが表れる。

◎第３段階

## 文章全体を読むことから表現へ向かう

### １　「問いの文」を確認する。

・「笑うから楽しい」って、どういうこと？

### ２　この問いに対する「答えの文」を書く。

・［序論］［本論］［結論］三部構成とする。

・「問いの文」を冒頭におき、結論でまとめ、尾括型にまとめる。

・まとめるときのキーワード（繰り返されている言葉）を用いる。

# めだかの　ぼうけん

いじち　えいしん

めだかは、田んぼや川で　いちばん　小さな　さかなです。

はる、からからの　田んぼに　川から　水が　入りました。田んぼに　水が　ふえ、めだかが　どんどん　あつまって　きました。

あさくて　ひろい　田んぼの　水は、たいようの　ひかりで、すぐに　あたためられます。あたたかい　田んぼの　水は、めだかを　げん気に　します。

田んぼの　水が　あたたまると、小さな　生きものが　たくさん　ふえます。ふゆの　あいだ、おなかを　すかして　いた　めだかは、小さな　からだの　わりには　大きい　口で、田んぼの　小さな　生きものを　たくさん　たべます。めだかは、からだは、小さいけれど、ひれが　大きくて、およぎが　じょうずです。水中を　すいすい　およぎます。

田うえが　はじまる　ころの　ことです。一ぴきが、ほかの　めだかに　おなかを　見せたり、二ひきが、ひれを　ひろげて、くるくる　まわったり　して　いました。やがて、たまごを　うみました。かがやくように　白い　たまごです。十日くらい　たつと、たまごの　中に　赤ちゃんが　見えました。くるくる　うごいて、たまごから　とび出しそうです。

なつの　さかり、田んぼでは、いねが　そだち、ほが　出て　きました。田んぼの　あさせでは、げん気に　およぐ　めだかの　赤ちゃんの　すがたが　見られました。

なつの　おわり、たいふうが　やって　きました。たくさん　ふった雨で、田んぼの　水が　ながれ出しました。田んぼの　水は、ちかくの　川に　ながれました。

めだかは、どう　なったでしょう。めだかは、田んぼの　ちかくの　川に　いました。あふれた田んぼの　水と　いっしょに　川に　もどったのです。

あき、いねは　たくさん　おこめを　みのらせました。でも、田んぼに　水は　ありません。おこめを　たくさん　とる　ために、田んぼの　水は　ぬかれて　しまうのです。

めだかは、はるに　川から　田んぼに　やって　きて　なかまを　ふやし、あきから　ふゆに　かけて、川に　もどって　はるを　まちます。めだかは　きせつに　よって、すむ　ところを　かえて　くらします。小さな　からだで　水を　おいかけて、ぼうけんする　のです。

（学校図書「しょうがっこう　こくご」平成27年度　1年下）↓本書 p.68

# 食べるのは、どこ

わたしたちは、毎日、いろいろなやさいを食べます。やさいは、人が食べるために、はたけでそだてられたしょくぶつです。

しょくぶつは、ふつう、地面の上に、くきをのばし、はをしげらせ、花をさかせ、みをつけます。地面の下には、ねをのばしています。くきが地面の下までのびるものもあります。

わたしたちは、そのやさいとよばれるしょくぶつのすべてのぶ分を食べるわけではありません。やさいによって、食べる場しょがちがうのです。わたしたちは、やさいのどこを食べるのでしょうか。

地上にのびたくきを食べるやさいには、アスパラガスがあります。アスパラガスは、大きくなりすぎる前のわかいくきを食べます。大きくなりすぎると、くきがかたくなって、食べられなくなるからです。

はを食べるやさいには、キャベツがあります。キャベツは、なえのころには、はをよこに広げています。しかし、大きくなるにつれて、新しく出てくるはを玉のように丸くまきながらそだちます。

花を食べるやさいもあります。ブロッコリーは、小さな花のつぼみが、たくさんあつまって、ひとかたまりになっています。

なすは、みを食べるやさいです。むらさき色の花がさいた後、花のつけねのところが、だんだんふくらんで、みになります。

にんじんは、地面の下のねがどんどん太くなったものです。わたしたちは、そのねを地面からぬいて食べます。

じゃがいもは、いもを土の中にうえると、土の中でめとねが出てきます。くきは、地面の上に出るものと地面の下をのびるものとに分かれます。じゃがいもは、地面の下にのびたくきです。じゃがいもは、地面の下にのびたくきの一ぶにえいようがたまってふくらんだものなのです。

らっかせいは、だいこんやじゃがいもと同じように、地下にできるやさいですが、ねでもなければ、地下のくきでもありません。わたしたちが食べるぶ分はたねです。

らっかせいは、たねをまくと、地面の上にめを出します。そして、くきからえだをのばし、黄色の花をさかせます。

花がしぼむと、花のついていたえだが、地面にむかってのびはじめます。やがて、その先が地面にささります。花のつけねは、土の中でだんだんふくらんで、さやになります。

さやの中には、たねが入っています。わたしたちは、そのたねを食べるのです。

（学校図書「小学校こくご」平成27年度　2年下）→本書 p.72

# たんぽぽの　ちえ

うえむら　としお

春に　なると、たんぽぽの　黄色い　きれいな　花が　さきます。
二、三日　たつと、その　花は　しぼんで、だんだん　くろっぽい　色に　かわって　いきます。そうして、たんぽぽの　花の　じくは、ぐったりと　じめんに　たおれて　しまいます。
けれども、たんぽぽは、かれて　しまったのでは　ありません。花と　じくを　しずかに　休ませて、たねに、たくさんの　えいようを　おくって　いるのです。こうして、たんぽぽは、たねを　どんどん　太らせるのです。

やがて、花は　すっかり　かれて、そのあとに、白い　わた毛が　できて　きます。

この　わた毛の　一つ一つは、ひろがると、ちょうど　らっかさんのように　なります。たんぽぽは、この　わた毛に　ついて　いる　たねを、ふわふわと　とばすのです。

この　ころに　なると、それまで　たおれて　いた　花の　じくが、また　おき上がります。そうして、せのびを　するように、ぐんぐん　のびて　いきます。

なぜ、こんな　ことを　するのでしょう。それは、せいを　高く　する　ほうが、わた毛に　風が　よく　あたって、たねを　とおくまで　とばす　ことが　できるからです。

よく　晴れて、風の　ある　日には、わた毛の　らっかさんは、いっぱいに　ひらいて、とおくまで　とんで　いきます。

でも、しめり気の　多い　日や、雨ふりの　日には、わた毛の　らっかさんは、すぼんで　しまいます。それは、わた毛が　しめって、おもく　なると、たねを　とおくまで　とばす　ことが　できないからです。

このように、たんぽぽは、いろいろな　ちえを　はたらかせて　います。そうして、あちらこちらに　たねを　ちらして、あたらしい　なかまを　ふやして　いくのです。


（光村図書「こくご」平成27年度　2年上）→本書 p.76

# どちらが生たまごでしょう

みなさんは、たまごのからをわって、中身を見たことがあるでしょう。ゆでたまごの白身は、かたまった黄身のまわりに、白くかたまって、からにぴったりくっついていますね。しかし、生たまごの中には、すきとおった、とろとろの白身が、やわらかい黄身をかこんで入っています。このように、ゆでたまごと生たまごでは、中身の様子がちがっています。

では、たまごのからをわらないで、どちらがゆでたまごで、どちらが生たまごかを、見分けることはできないものでしょうか。

まず、ゆでたまごと生たまごを両手の上にのせて、くらべてみましょう。二つのたまごは、色も、形も、重さも、ほとんど同じです。ですから、色や、形や、重さで見分けることはむずかしいようです。

そこで、今度は、両方のたまごを、ぐるぐる回して、ちがいがないかどうかを調べてみましょう。

ゆでたまごを皿の上において、上の写真のように、指で軽く回してみます。すると、小さなわをえがきながら回ります。強く回すと、ゆでたまごは二重の円に見え、やがて、立ち上がって回ります。ちょっとかわったこまのようです。ところが、生たまごを同じやり方で回してみると、どうでしょう。ゆれながら、ゆっくり回るだけです。強く回しても、速く回ることはないのです。

このように、ゆでたまごと生たまごとでは、回り方がはっきりとちがうことがわかりました。

この回り方は、どんなゆでたまごにも、どんな生たまごにもあてはまるでしょうか。もし、あてはまるなら、回してみるだけで、ゆでたまごか、生たまごかを見分けることができるはずです。

そこで、ゆでたまごと生たまごを五つずつ用意して、同じやり方で回してみました。すると、どのゆでたまごも、こまのように速く回りました。また、どの生たまごも、ゆれながら、ゆっくり回りました。

こうして、からをわらないで、回り方のちがいから、ゆでたまごと生たまごを見分けることができました。

ところで、ゆでたまごと生たまごの回り方がちがうのはなぜでしょうか。どうも、たまごの中の様子にひみつがありそうです。

ゆでたまごは、中身が全てかたまって、白身がからにぴったりついています。それで、たまご全体が一つになって、こまのように回ることができるのです。

ところが、生たまごの中身は、とろとろしています。ですから、からに力をくわえて回しても、ゆでたまごの中身のように、からといっしょに回ることはありません。自分の重さで止まろうとします。こうして、生たまごの中身は、回ろうとするたまごに、内側からブレーキをかけることになるのです。

生たまごの中身がこのような仕組みになっているのは、大変都合がよいことと思われます。なぜなら、たまごは鳥の赤ちゃんが育つところですから、なるべく早く動きが止まったほうが安全だからです。

（教育出版「小学国語」平成27年度　3年下）→本書 p.80

# 「落ち葉」ではなく「落ちえだ」

高柳 芳恵

それは一五年ほど前のことです。すっかり葉を落とした冬の雑木林を歩いていたわたしは、不思議な現象に気がつきました。落ち葉のじゅうたんの中に、十センチメートルほどの小さなえだが、たくさんまじっていたのです。まるでだれかがばらまいたかのようでした。どうして同じようなえだが落ちているのでしょう。

きょろきょろと辺りを見回すと、もう少し大きなえだや五十センチメートルもある大きなえだも落ちていました。中には葉がついたままのえだもありました。

よく見ると、なんとそれらのえだは、同じ特ちょうをもっていました。えだの根もと、つまり木にくっついていた所が、丸くなめらかで、中央が凸型にもり上がっていたのです。つまり、強風や大雨などの力によって、ポキリと折れたえだではないことはたしかでした。

この林には、長細いどんぐりのなるコナラや丸いどんぐりのなるクヌギの木がたくさんありましたが、それらの木の下には、同じように小えだが無数に落ちていました。

そこでわたしは、頭上のコナラのえだに目をつけてみました。コナラの細いえだの先たんには、春にのびて葉や花になる冬芽が数こと、葉が落ちた後にできる小さなくぼみである葉痕とがたくさん残っていましたが、少し下の方を見ていくと、えだ分かれした所に、丸い形をしたあとのようなものが見つかりました。しかも、それは凹型になっているではありませんか。

どきどきしながら、拾った小えだの凸型の部分を当てると、ぴったりと凹型におさまったのです。

同じような丸いあとは、えだのあちこちに見つかり、しかもそれらの大きさはいろいろでした。小さなあとには小さなえだが、大きなあとには大きなえだがはまります。

わたしは次々とえだを拾い、ぴったりおさまる所を見つけては、ひとりにんまりしていました。

こうして、コナラやクヌギには、「落ち葉」だけでなく、「落ちえだ」という現象があることが分かりました。

「落ち葉」では、葉のつけ根で水分や養分の行き来がなくなり、葉がかれて落ちますが、同じようなことが、えだのつけ根でも起こっていたのでしょう。

では、なぜ「落ちえだ」現象が見られるのでしょうか。

コナラやクヌギは、春になるとどのえだ先からも新しいえだが、二から四本出てきます。つまり一年でふえる小えだは相当な数です。もし、小えだが毎年毎年、落ちずにふえていったとしたら、えだがどんどんこみ入ってきて、大変なことになります。でも、実際の木のすがたはすっきりしています。ということは、日当たりなどのじょうけんが悪く、栄養がいきわたらなかったりしたえだは、自然にかれるのでしょう。

つまり木は、自らをせん定して、最良の樹形を作っていたのです。

冬の雑木林に立って、木を見上げてみてください。えだえだは重なりすぎることもなく、空間をきんいつに分け合った美しいすがたをしています。

（学校図書「小学校国語」平成27年度 4年下）→本書 p.88

# 「本物の森」で未来を守る

宮脇　昭

日本は、国土の約六十七パーセントが森林であると言われています。この国は温帯多雨の気候地帯（温帯で、夏に雨の多い地域）にあって、その森林は、西日本と東日本の太平洋に沿った地域のほぼ全ては常緑広葉樹林、それ以外の地域は落葉広葉樹林から成っています。具体的には、常緑広葉樹はシイ、カシ、タブノキなど（広い葉を持ち、冬でも葉を落とさない木）、落葉広葉樹は、コナラ、カシワ、ブナなど（広い葉を持ち、冬に葉を落とす木）です。

ところが実際には、人が住んでいる場所の大部分に、これらの木の生えた林や森はほとんどありません。どうしてこんなことになっているのでしょうか。

もともとこれらの森や林は、先に挙げた木々だけで成り立っているものではありません。これらの木々（高木）の他に、一段低い木々（亜高木）、さらに低い木々（低木）、その下に生える草やシダ植物（草本）という四つの層をなす植物が一体となって構成されているものです。

ところが、この本来あるべき姿の森は、数千年以上前に人々が農耕生活を始めると、田畑を作ったり集落を作ったりするためにはじゃまになり、切りひらかれてしまいました。また、生活の中で火を使うようになって炭やたきぎが必要になって、切られてしまったりもしました。そのために、もともとあった木々がだんだんとなくなってしまったのです。

私は、六十年かけてこの本来の姿をした「本物の森」の様子を調べました。その結果、日本に住む人のうちの九十二・八パーセントがくらしている地域の中に、「本物の森」は〇・〇六パーセントしか残っていないことが分かりました。

この、わずかに残されていた場所は、人々がその土地に昔からある森を守ろうとしてきた「鎮守の森」と呼ばれる所でした。

この「鎮守の森」は、海岸沿いや川沿い、急斜面や尾根筋にありました。これらの場所に共通することは自然災害によって破壊されやすい場所であるということです。つまり、昔の人々は「本物の森」が備える自然災害に対する力強さを理解し、そういった場所に「鎮守の森」を残して、自分たちの生活を守ろうとしていた、ということになります。

そもそも「本物の森」を形成する木々は、地中深くまっすぐにのびた根を張ります。その根が、根尾筋や川沿い、海岸沿いのくずれやすい土地をしっかりと保持するのです。

また、これらの木々は、火にも強いということが分かっていたので、旧家では家の周りに「屋敷林」と呼ばれる小さな林なども作っていました。

これらの「本物の森」の強さについては、今までに起きたさまざまな災害の時に証明されています。例えば、一九七六年に千八百戸もの家を焼く大火事がありましたが、山形県酒田市でこの火を食い止めたのはある家に生えていたタブノキでした。そのことから「タブノキ一本、消防車一台」と言われたくらいです。また、東日本大震災の時にも、南三陸の海岸におし寄せた津波が周りの斜面の土をくずしても、そこに生えていたタブノキはしっかりと根を張って生き延びていたのです。

現在、この「本物の森」が私たちの生活圏の中に〇・〇六パーセントしかないということは、昔の人たちが想定していた災害にたえることができる土地は、今ではほとんどないということになります。

現代は、発達した科学技術による防災対策などが各地でなされていますが、そういったものだけでは大規模な自然災害に対応できないこともあります。先の東日本大震災においても、人工の建造物の多くが破壊され、大勢の人々が被災するという大変不幸なできごとが起きました。あのような大規模な自然災害に、技術は太刀打ちできなかったのです。その一方で、調査の結果、土地本来の小樹林が生き残っているという事実も判明しました。ですから、科学技術だけにたよらない、自然の持つ強さを生かした防災対策ということに改めて注目すべきだと思います。

東日本大震災後、私が提唱しているプロジェクトがあります。それは、「森の防波堤」というもので、最終的には東北の太平洋沿岸三百から四百キロメートルに連なる「森の長城」を造る、というものです。

この「森の防波堤」は、先の震災で発生したガレキと、その土地本来の木々とを組み合わせたものです。

まず、海岸沿いに三十メートルのおくゆきで、十メートル程度の深さまで土をほります。そこに震災で発生したガレキと土を、高さ三十メートルにまで盛り上げます。その上にまた土をかぶせ、そこに土地本来の木々を植えます。

コンクリートや岩、建材などのガレキはすき間が多いので、植物の根に必要な空気や水の通り道がしっかりと確保されるうえに、植えられた木々の根が深く張りめぐらされるのにも役立ちます。

植えられた木々は、その土地本来のものなので、特別な管理の必要はなく、十五から二十年もすると、高木、亜高木、低木、草本の四つの層からなる「本物の森」へと生長していきます。

この森ができ上がると、高さ二、三十メートルの津波がおし寄せても根こそぎたおされることはなく、逆にその波をくだいてしまい、波が突進するエネルギーを減少させます。また、おし寄せた波が引く際には、しっかりと生えている木々によって漂流する人々などが海に流れ出すのを食い止めます。多くの人々のいのちや復興に必要な財産を守ることができるのです。

今、最も大事なことは、この地で生まれ育ち、学び、働いている全ての人のいのちと心を守る、本物の森の形成、ふるさとの木によるふるさとの森作りです。そしてその森は、「森の防波堤」とも「森の長城」ともなって、この先何千年も私たちの文化を守り続けます。

私は、木を植えるということは、いのちを植えること、明日を植えることだと考えています。そして心に希望のなえを植えることだと思っています。人のいのちを守るため、未来を守るため、もう一度日本に昔からあった「本物の森」を再生していかなければならないと思っています。

(学校図書「小学校国語」平成27年度 6年下) →本書 p.104

# 笑うから楽しい

中村　真

① 私たちの体の動きと心の動きは、密接に関係しています。例えば、私たちは悲しいときに泣く、楽しいときに笑うというように、心の動きが体の動きに表れます。しかし、それと同時に、体を動かすことで、心を動かすこともできるのです。泣くと悲しくなったり、笑うと楽しくなったりするということです。

② 私たちの脳は、体の動きを読み取って、それに合わせた心の動きを呼び起こします。ある実験で、参加者に口を横に開いて、歯が見えるようにしてもらいました。このときの顔の動きは、笑っているときの表情と、とてもよく似ています。実験の参加者は、自分たちがえがおになっていることに気づいていませんでしたが、自然とゆかいな気持ちになっていました。このとき、脳は表情から「今、自分は笑っている」と判断し、笑っているときの心の動き、つまり楽しい気持ちを引き起こしていたのです。

③ 表情によって呼吸が変化し、脳内の血液温度が変わることも、私たちの心の動きを決める大切な要素の一つです。人は、脳を流れる血液の温度が低ければ、ここちよく感じることが分かっています。笑ったときの表情は、笑っていないときと比べて、鼻の入り口が広くなるので、多くの空気を取りこむことができます。えがおになって、たくさんの空気を吸いこむと、脳を流れる血液が冷やされて、楽しい気持ちが生じるのです。

④ 私たちの体と心は、それぞれ別々のものではなく、深く関わり合っています。楽しいという心の動きが、えがおという体の動きに表れるのと同様に、体の動きも心の動きに働きかけるのです。何かいやなことがあったときは、このことを思い出して、鏡の前でにっこりえがおを作ってみるのもよいかもしれません。

（光村図書「国語」平成27年度　6年）↓本書 p.108

## 教科書のコピーを貼り合わせてみる

白石　教材分析というと、物語にしても説明文にしても、最初の一文から細かく「分析」していかなければならないというように思っている方もいらっしゃるようなのですが、私は違うと思うんです。まずは全体をとらえてから、さまざまな観点をもとに細部を見ていくことが大切だと思うんです。

田島　確かにそうですね。だったらいい方法があります。まず、教科書のコピーをとって、横につなげて貼り合わせていくんです。

白石　巻物をつくるような感じですね。

田島　そうです。そうすると、文章全体を見わたすことができるので、「全体をとらえる」というイメージがもちやすいんです。

白石　なるほど。もちろん教科書をそのまま使っても全体をとらえることはできるわけですが、物理的にも目の前で全体を見わたすことができれば、さらにとらえやすくなりますね。

田島　そうなんです。例えば1行空きがあったとき、教科書をそのまま読んでもそのことに気づきますが、全体が見わたせる状況で、全文の中でその1か所だけ1行空きになっていたとしたら、その1行空きの意味の大きさにも気づけるのではないでしょうか。

白石　ところで、何気なく「教材を読む」と言っていますが、これは音読ですか、黙読ですか。

田島　そう。それも大切ですよね。やはり子どもたちばかりでなく、先生も一度は音読をしたほうがいいと思います。視写と同様に、作者や筆者の細かい書き分けに気づくことができます。特に音を表わす言葉や擬音語、擬態語などは、書き写すだけでなく、実際に声に出して読むことで、とらえ方が深まると思います。

白石範孝×田島亮一
筑波大学附属小学校教諭　晃華学園小学校校長

第3章

# 詩教材の分析

詩教材・1年生

# おさるが ふねを かきました

まど・みちお

◆本書で元にした教科書　学校図書「しょうがっこう　こくご」平成二十七年度　一年上

概要

時間の経過とともに、おさるの行動をとらえることができる、物語風の詩である。四連構成、各連2行で成っている詩である。各連の共通点として、1行目はおさるの行動の理由、2行目は行動となっていることが挙げられる。

また、繰り返しや七（八）五調が詩にリズムをつくっている。

おさるの行動の順序に従った構成をとらえ、意味を考えることで、時間の経過とともに、おさるの気持ちが変化していく過程をとらえることができる。

### 教材分析の視点

◆「詩の5の観点」による分析

| | |
|---|---|
| 題名 | 「おさるがふねをかきました」<br>「きっかけ」が題名となっている。 |
| リズム<br>・技法と効果 | 七（八）五調<br>＊軽快な調子、はずんだ感じを与える |
| 中心語・文、<br>繰り返し | ・各連2行目　おさるの行動を表す文末表現「〜ました」の繰り返し<br>＊行動表現は「かきました」→「たてました」→「つけました」→「やりました」と変化を伴っている<br>・各連1行目　おさるの行動の理由を表す「〜と」の繰り返し |

教材分析

1行目：四音＋三音、五音
2行目：四音＋三音、五音のリズム

おさるが　ふねを　かきました

題名：きっかけ

四音 ふねでも 三音 かいて 五音 みましょうと
四音 おさるが 三音 ふねを 五音 かきました

思ったこと（行動の理由）
したこと（行動）

連の組み立て方
1行目に「思ったこと」、2行目に「したこと」を書いている。

### 1　リズムを生み出す七（八）五調

七（八）五調が詩にリズムを生み出している。読むスピードに変化をもたせながら音読することで、七五調のもつ効果を実感することができる。また、七五調を五七調へ入れ替えて音読することを通して、五七調が重厚な、重たい感じを与える効果も実感できる。

さらには、子どもたちが親しみ、昔から歌われてきた童謡（お正月、ひなまつりなど）も七五調であることに気づかせることをとおして、うれしい・楽しい気持ちを表すのに七五調が技法として使われてきたことに気づかせたい。

各連２行　四連構成

けむりを もこもこ はかそうと
えんとつ いっぽん たてました

なんだか すこし さびしいと
しっぽも いっぽん つけました

ほんとに じょうずに かけたなと
さかだち いっかい やりました

１行目：おさるの行動の理由
２行目：おさるの行動

・繰り返し「〜と」「〜ました」
・「かきました」→「たてました」→「つけました」の表現の変化にみられる中心人物おさるの変容

### 2 繰り返しにみられる中心人物おさるの気持ちの変化

各連はおさるの行動の理由とおさるの行動の2行ずつで成っており、四連構成である。

各連2行目の文末表現を比べると、「かきました」→「たてました」→「つけました」とおさるの気持ちの変化がある。それは、自分が描いた船がだんだんと身近なものとなってくるようである。子どもたちに表現の違いに気づかせるために、各連を「かきました」で音読してみる。そうすることで、「たてました」「つけました」に込められたおさるの気持ちを表現させたい。

### 3 題名を使った読み方

説明文、物語、詩と、その題名には内容が凝縮されている。題名をそのまま問いの文にすることで、内容をしっかりとらえることができる。

題名をそのまま使って問いの文にすると、以下のような例が考えられる。

・どうして、おさるがふねをかいたの?
・おさるが、どんなふねをかいたの?
・どのようにして、おさるがふねをかいたの?

# 単元プラン◆「おさるがふねをかきました」（2時間）

教材の論理

### ◆分析から見えてくる教材「おさるがふねをかきました」の特徴

**・おさるがふねをかきました**

七（八）音と五音のリズムで詩が構成されている。ここでは、読むスピードを変えてみたり、身体表現でリズムを感じさせたりするなど、さまざまな音読を通して、七五調の効果である、「軽快な調子、はずんだ感じを与える」その効果を実感させることができる。

　また、子どもたちがこれまで親しんできた、多くの童謡が七五調になっていることに気づかせることをとおして、技法とその効果を実感させるとともに、書く・創る意欲へとつなげていきたい。

**・題名**

題名には、詩の内容が凝縮されている。題名をそっくりそのまま使って、問いの文にすることで、問い意識を高めることができる。また、題名を使って問いの文にする方法として、５Ｗ１Ｈでつくることをここでは基本として指導しておきたい。さらには、題名を問いの文にして読むことで、内容をしっかりととらえることができることのよさを実感させる。

**・中心人物（おさる）の気持ちの変化**

時間の経過とともに、おさるの行動の変化をとらえることができる、物語風の詩となっている。各連の２行目にある、おさるの行動表現「たてました」「つけました」を「かきました」の表現と入れ替えて音読することをとおして比較する。表現の違いを考えることをとおして、おさるの気持ちに変化があることに気づかせていくことができる

指導のねらい

### ◆教材「おさるがふねをかきました」では、こんな力をつける

・さまざまな音読をとおして、繰り返しや七（八）五調のもつリズムをとらえることができるとともに、技法とその効果を知ることができる。

・題名を問いの文にすることをとおして、おさるの気持ちが変化していく過程をとらえることができる。

・七（八）五調のリズムを活用し、詩をつくることができる。

・拗音と促音の音数の数え方を知り、簡単な音数を数えることができる。

・「へのへのもへじ」のような絵描き歌を楽しむことができる。

## ◎第１段階

## 共通の土俵をつくる

**１　さまざまな音読をとおして、七五調を知る。**

・読みスピードを変えたり、身体表現をしたりすることをとおして、軽快な調子、はずんだ感じになることに気づかせる。

・音数と文字数の違いを知る。

・音数から七五調であることに気づき、技法とその効果を知る。

◎第２段階

## 内容の読みから問いの解決をはかる

**１ 題名をそのまま使って問いの文をつくり、詩の内容をとらえる。**

・５Ｗ１Ｈを使って、題名を問いの文にする。

・題名を使った問いの文をもとに、内容をとらえる。

**２ 繰り返しからおさるの気持ちの変化をとらえる。**

・各連２行目を「かきました」で音読することを通して、「たてました」「つけました」にこめられたおさるの気持ちを想像し、吹き出しで表現する。

・おさるはどうして「さかだち」したのか、話し合う。

◎第３段階

## 文章全体を読むことから表現に向かう

**１ 繰り返しと七五調を使ってグループで詩をつくる。**

・繰り返しを使って詩をつくる。

・七五調を使って詩をつくる。

**２ いろいろな絵描き歌を楽しむ。**

（例）コックさん（「ぼうがいっぽん（七音）あったとさか（五音）…」）

詩教材・2年生

# おおきくなあれ

さかた ひろお

◆本書で元にした教科書　光村図書「こくご」平成二十七年度　二年上

◆◆◆◆概要◆◆◆◆

あめの「つぶつぶ」にあたることによって、「ブドウ」と「リンゴ」を例として、その果実の成長の様子が描かれている。

そして、どちらの果物もあめのつぶつぶがあたることで、「ぷるん　ぷるん　ちゅるん」とそれぞれの果物の動きが繰り返されることで、大きく成長する様子を表現し「あまく」「あかく」という言葉で、それぞれの果物の成長のゴールを表現した作品である。

**教材分析の視点**

### ◆「詩の5の観点」による分析

| | |
|---|---|
| 題名 | 「おおきくなあれ」って、何がどのようにおおきくなるの？」というように題名を問いの文にすることで、読みの方向を明確にする。 |
| リズム | 一連、二連とも三音と四音の言葉の繰り返しによってリズムをつくっている。 |
| 技法と効果 | ・繰り返し<br>一連の構成が七・七・九・九・四・四音の6行となっていて、これが二連構成となっている。この構成によって、リズムを生むとともに雨の影響とそれぞれの成長の様子を強調している。<br>・ひらがな表記<br>果物はカタカナであるがその他は、ひらがな表記にすることで成長過程の温かさ、柔らかさを表現している。 |

教材分析

## おおきくなあれ

あめの　つぶつぶ
ブドウ　に　はいれ
ぷるん　ぷるん　ちゅるん
ぷるん　ぷるん　ちゅるん
おもくなれ
あまく　なれ

あめにうたれて大きく成長していく様子

### ◆基本用語の理解

・連…………一連6行で、二連構成
・繰り返し…「あめの　つぶつぶ」
「ぷるん　ぷるん　ちゅるん」
「おもくなれ」
・連構成……二連構成

### ◆内容

くだもの
・小さい
・青い
・生まれてすぐ

1　**題名から**

「おおきくなあれ」って、何がどのように大きくなるの？」と題名から問いの文をつくることで「ブドウ」と「リンゴ」が大きくなる様子がわかる。

そして、どのようにして大きくなるのか、その原因を考えさせることで、雨のつぶつぶがあたることで成長することを読むことができる。

このようなことから、果物に「ぷるん　ぷるん　ちゅるん」とあたることでおおきく成長していく様子が書かれているという作品の全体をまるごととらえることができる。

2　**一・二連を比較して基本文型を読む**

◆一・二連の比較

・それぞれの連が6行で構成されている。
・それぞれの行の音数が七・七・九・九・四・四音

あめの　つぶつぶ
リンゴ　に　はいれ
ぷるん　ぷるん　ちゅるん
ぷるん　ぷるん　ちゅるん
おもくなれ
あかく　なれ

あめにうたれて大きく成長する過程

**約束事**

◎□の中の言葉
・三音のくだものでカタカナで書く。
◎□の中の言葉
・そのくだものが大きく成長したときの様子を表す言葉を三音で書く。

**◆約束事を活用して、第三連を表現する。**

原因

あめの　つぶつぶ
ぷるん　ぷるん　ちゅるん
ぷるん　ぷるん　ちゅるん

くだもの

・おもく
・あまく
・色
・成長

**◆一連と二連の比較**

・それぞれ6行
・□と□の言葉以外は、同じ言葉の繰り返し

約束事を導き出し、基本文型をつくる

・カタカナで
・三音で
・くだもの

・くだものが大きくなったときの言葉
・三音で

**基本文型**

あめの　つぶつぶ
□に　はいれ
ぷるん　ぷるん　ちゅるん
ぷるん　ぷるん　ちゅるん
おもくなれ
□なれ

となっている。

・果物の名前がカタカナで、そのほかはひらがな表記となっている。

・果物の成長のゴールがその果物の特徴の三音の言葉で表現されていて、それぞれの果物によって言葉が変わっている。

◆基本文型を読む

一連の構成が七・七・九・九・四・四音の6行となっていて、これが二連構成となっていることとその他の繰り返しによって、基本文型を明確にさせる。そして、この基本文型を活用して、第三連を創作する活動へと発展させていく。

あめの　つぶつぶ
□に　はいれ
ぷるん　ぷるん　ちゅるん
ぷるん　ぷるん　ちゅるん
おもくなれ
□なれ

### 3 基本文型の活用で創作活動へ

基本文型が明確であることと一・二連の比較によって、作品の特徴がはっきりしていることをこの詩の「約束事」として、第三連を創作するという活動を行うことができる。創作活動へ向かうための約束事として次のようなことを挙げる。

・基本文型に当てはめる。
・□に入る果物は、三音でカタカナ表記できること。
・□に入る言葉は、その果物の成長の特徴を表す三音の言葉にすること。

以上の「約束事」は、子どもたちが創作した作品の評価の観点とすることで、評価を明確にすることができる。

教材の論理

### ◆ 分析から見えてくる教材「おおきくなあれ」の特徴

**○題名から読みの方向がもちやすい**

題名『おおきくなあれ』は、抽象的な表現となっていて、「何が？」とか「どのように？」という問いをもつことが容易であり、作品の内容を簡単に予想することができ、読みの方向をもちやすくなっている。

**○作品構成が明確でとらえやすい**

決まった音数でリズムがつくられ、繰り返し表現によって、連構成が明確にとらえやすくなっているので、詩の約束事、基本構成をとらえやすくなっている。

**○音数七・七・九・九・四・四音の６行**

**○一、二連の構成と表現内容**

**○表現技法の繰り返し**

**○表現活動へ発展しやすい**

**○基本文型が明確になり「約束事」がはっきりとつくれるので、創作活動へと発展させやすい。**

**○「約束事」がはっきりするので、創作しやすい。また、評価の観点が明確にされるので創作活動へと発展させることができる。**

指導のねらい

### ◆ 教材「おおきくなあれ」では、こんな力をつける

- 表現技法「繰り返し」とその効果をとらえることができる。
- 連構成や音数の仕組みをとらえることでリズムのよさを感じることができる。
- 技法やリズムのよさから、詩の中にある「約束事」を見つけることができる。
- 詩の約束事を手がかりとして、詩を創作する活動を明確にすることができる。

## 単元プラン◆「おおきくなあれ」（3時間）

### ◎第1段階 共通の土俵をつくる

**1 作品全体をまるごと読む。**

○題名「おおきくなあれ」を使って、問いの文をつくり読みの方向をもつ。

・「どんなくだものが？」「どのように大きくなるか？」

・「くだもの～あめのつぶつぶ～くだものの動き～おもく・あまく」で成長する過程が表現されていることを読む。

**2 表現のしかたを読む。**

○どんな「繰り返し」があるのか？

・一連の繰り返し・一、二連での繰り返し・言葉の繰り返し。

・それぞれの連が6行で構成されている。

・それぞれの行の音数が七・七・九・九・四・四音となっている。

・くだものの繰り返し。

◎第2段階

## 内容の読みから問いの解決をはかる

1 「何が」～「どのように」～「大きくなるのか？」を読む。

○一、二連の比較から読む。

・「ブドウ」・・・あめのつぶにあたって、「ぷるん　ぷるん　ちゅるん」と動き、「おもく」なって「あまく」なっていくことで成長する。

・「リンゴ」・・・あめのつぶにあたって、「ぷるん　ぷるん　ちゅるん」と動き、「おもく」なって「あかく」なっていくことで成長する。

この二つの成長過程を比較することで、表記、音数、それぞれの果物の特徴に気づかせる

2 どのような仕組みになっているか？

○表現技法から読む。

・連構成が七・七・九・九・四・四音の6行となっている。

・「ぷるん　ぷるん　ちゅるん」の繰り返し。

・一、二連の表現方法が同じパターンになっている。

3 基本文型はどのようになっているか？

○表現技法を手がかりとして基本のパターンを読む。

・一、二連の比較と表現技法から基本文型をつくる。

4 どんな「約束事」があるか？

○創作に向かうための「約束事」を決める。

・作品の構成や基本文型から作品の「約束事」をまとめる。

あめの　つぶつぶ
（　　）に　はいれ
ぷるん　ぷるん　ちゅるん
ぷるん　ぷるん　ちゅるん
おもくなれ
（　　）なれ

「約束事」
・基本文型に当てはめる。
・くだものは、三音でカタカナ表記できること。
・くだものの成長を表す言葉は三音にすること。

◎第3段階

## 文章全体を読むことから表現へ向かう

1 第三連を創作する。

○「基本文型」・「約束事」を活用して第三連をつくる。

・「基本文型」、「約束事」の確認をしてから表現に向かわせる。

・作品の中で使われている言葉を使わないようにさせる。

・「基本文型」、「約束事」の確認を評価の観点とする。

詩教材・3年生

# 春の子ども

門倉　訣

◆本書で元にした教科書　東京書籍「新しい国語」平成二十七年度　三年上

……概要……

春がやってきた。「ふきのとう」「つくしんぼう」「風の子ども」という、春を象徴する自然の事象を題材にして春の訪れを読んだ詩である。「ぴくりっ　ぴくぴくっ」「ぴくぴく　ぴくくくっ」という擬態語、「あったかい」という言葉が繰り返されており、詩のリズムを生みだすとともに、生き物の動きや春の暖かさを表現している。挿絵とともに春の喜びが感じられる詩である。

教材分析

## 春の子ども

土の中のふきのとうが、雪を持ち上げて芽を出したイメージ

**1連**

六音 ふきのとうが　五音 芽を出した
四音 ぴくりっ　五音 ぴくぴくっ
七音 雪のぼうしが　五音 あったかい
四音 ぴくぴく　五音 ぴくくくっ
六音 風のゆびが　五音 あったかい

**教材分析の視点**

### ◆「詩の5の観点」による分析

| | |
|---|---|
| 題名 | 「春の子ども」を題名読みすると、二つの意味が考えられる。<br>一つは、春になったときの子どもたちの様子。<br>もう一つは、春（お母さん）の子どもたちの誕生（目覚め）の様子である。この詩は、両方を含んだ内容になっている。 |
| 繰り返し | 「ぴくりっ　ぴくぴくっ」<br>「ぴくぴく　ぴくくくっ」の擬態語<br>「〜が　あったかい」の文型<br>これらの繰り返しにより、春になった喜びや成長が読み取れる。<br>それぞれの擬態語が指すことは何か、また「あったかい」の内容の違いをとらえさせ、イメージを広げさせる。 |
| 技法と効果 | 自然物を「子ども」と、擬人法により表現している。「雪のぼうし」「風のゆび」「目をさます」等の表現により、春の訪れをイメージ化しやすくする効果がある。 |

**1　三連の構成をとらえる。**

本教材は、三連からなり、
1行目「〜が（春が来て）どうする」
2行目「ぴくりっ　ぴくぴくっ」
3行目「〜が　あったかい」
4行目「ぴくぴく　ぴくくくっ」
5行目「〜が　あったかい」
の形が繰り返されている。

この繰り返しの中に、春を象徴する「つくし」「ふきのとう」「（春）風」が、擬人法とともに表現され、春の訪れを伝えている。

また、音数をみると、1行目、3行目、5行目の「〜が」の部分は、六音、または七音で構成されている。（七五調のリズムとしては七音が心地よい）その間の2行目と4行目に、四音・

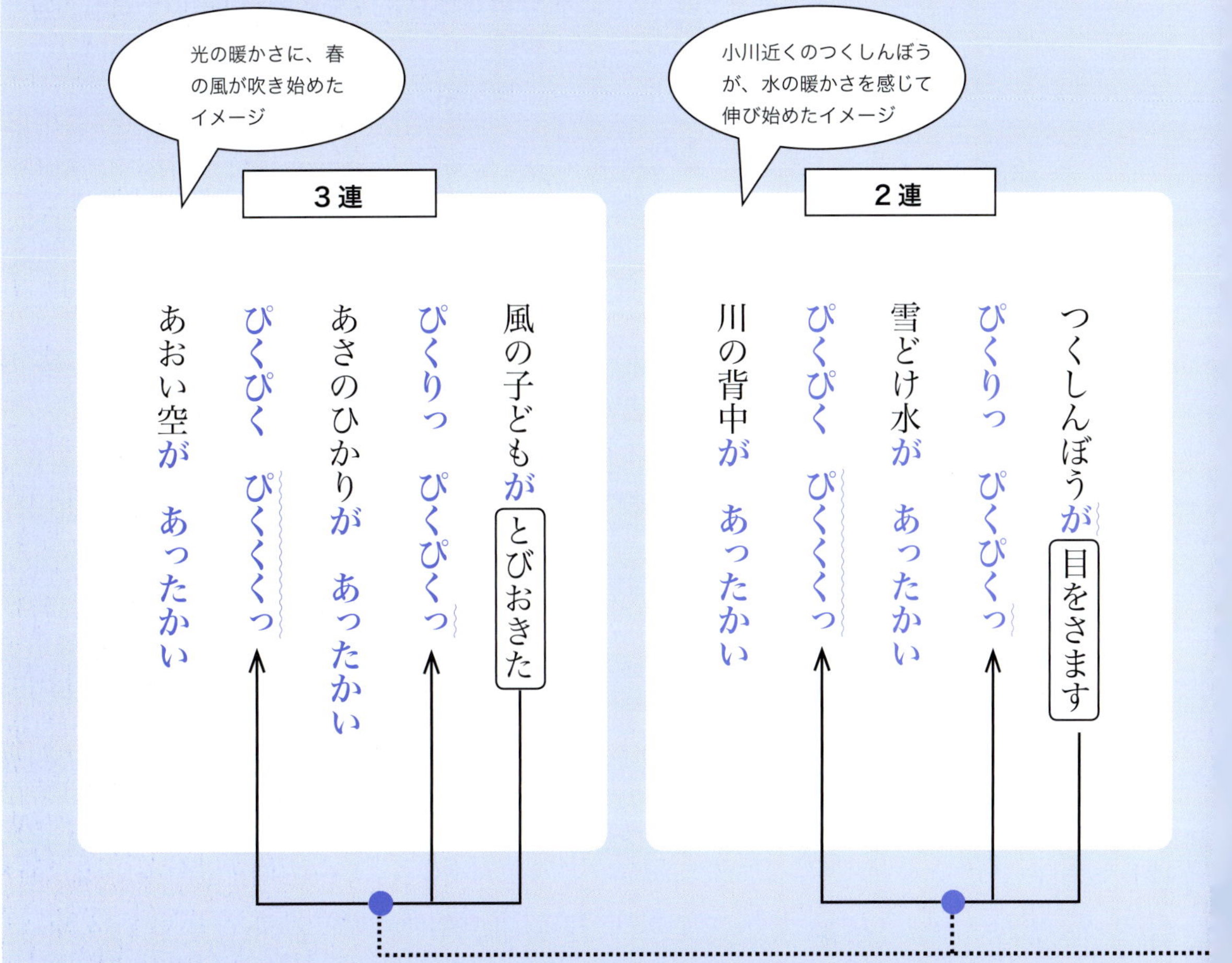
小川近くのつくしんぼうが、水の暖かさを感じて伸び始めたイメージ
2連
つくしんぼうが　目をさます
ぴくりっ　ぴくぴくっ
雪どけ水が　あったかい
ぴくぴく　ぴくくくっ
川の背中が　あったかい
光の暖かさに、春の風が吹き始めたイメージ
3連
風の子どもが　とびおきた
ぴくりっ　ぴくぴくっ
あさのひかりが　あったかい
ぴくぴく　ぴくくくっ
あおい空が　あったかい

「1行目の動詞→2行目の『ぴくりっ　ぴくぴくっ』、4行目の『ぴくぴく　ぴくくくっ』」という擬態語が繰り返されているが、同じ「ぴくりっ　ぴくぴくっ」「ぴくぴく　ぴくくくっ」でも内容はそれぞれ異なっている。

五音の擬態語が入り込み、リズムの変化やおもしろさを感じさせる。

### 2 繰り返しの効果を読む

各連の繰り返しのおもしろさを考えながら、それぞれの様子をイメージする。

一連は、土の中のふきのとうが、雪を持ち上げて芽を出したイメージ。

二連は、小川近くのつくしんぼうが、水の暖かさを感じて伸び始めたイメージ。

三連は、光の暖かさに、春の風が吹き始めたイメージ。

これらの擬態語は、何かが動き出したというイメージがあり、1行目の動詞と対応している。同じ擬態語でも、その内容はそれぞれの連で違うことや、事象との対応を考えさせる。

また「〜が　あったかい」の繰り返しは、春を待ちわびた喜びや成長を示している。

この構成や効果を生かして、続きの連をつくる活動を設定する。その際、春を感じる事象を話し合わせ、擬態語がどのような様子を表すかをとらえさせる。

### 3 題名

「春の子ども」という題名は、春になって生まれたもの、春になったときの子どもたちの様子を示した題名であり、新学期を迎えた児童と重なる。冬から春へと移り変わった季節をとらえさせ、題名が表しているものを考えさせたい。

単元プラン◆「春の子ども」（3時間）

◎第1段階

## 詩の構成をとらえる

1 題名読みをする。
・「春の子ども」って誰？
2 視写することで、次の連や言葉を考えながら読み、詩の構造や特質をとらえる。
・擬態語の繰り返し
・「〜が　あったかい」の文型
・擬人法
3 多様な音読を通して繰り返しやリズムを味わい、詩のおもしろさを考える。
・繰り返しによって、春の訪れが強調されていることをとらえる。
4 続きの連はどんなふうに書けばいいかを考える。
・どのように書けばいいのか、読みの目的をもたせる。

教材の論理

### ◆分析から見えてくる教材「春の子ども」の特徴

○ 繰り返し

「ぴくりっ　ぴくぴくっ」「ぴくぴく　ぴくくくっ」の擬態語の繰り返しは、各連の様子をイメージ豊かに読む効果をもたらしている。平仮名表記ではあるが擬声語の役割もある。この繰り返しは、詩のおもしろさとなっている。

また、「〜が　あったかい」の変化する繰り返しにより春の訪れが強調されている。

○ 音数・リズム

各連の音数は次のようになっており、変化を伴うリズムをつくり出している。

六（七）音・五音
四音・五音
六（七）音・五音
四音・五音
六（七）音・五音

○ 題名の意味

「春の子ども」という題名には、春になって生まれてきた子どもたちの動きだす様子や喜びが含まれている。

新学期になり、これから新しい一年が始まる児童の姿と重なる。

指導のねらい

### ◆教材「春の子ども」では、こんな力をつける

・リズムを感じながら音読する。
・詩のおもしろさに気づく。
・擬態語を各連の特徴に応じて解釈する。
・繰り返しの構成をとらえる
・とらえた繰り返しの構成を使って、続きの連を創作する。

◎第2段階

## 繰り返しの構成をとらえ、各連を読む

1 連構成をとらえる。

2 「一連の行数」「リズム」「繰り返し」など、この詩の中の約束事を見つける。

3 繰り返しの効果を読む。

・各連の「ぴくりっ　ぴくぴくっ」「ぴくぴく　ぴくくくっ」という擬態語の繰り返しが表していることを話し合う。

・「あったかい」が何回出てくるか数え、作者が6回も繰り返したのはどうしてか考える。

・行数、リズムが同じ連の繰り返しになっていることに気づく。

4 題名について考える。

・どうして「ふきのとう」や「つくし」ではなく「春の子ども」という題名なのか話し合う。

5 詩のおもしろさをまとめる。

◎第3段階

## 表現に拓く

1 とらえた構成を使って続きの連をつくる。

・春を感じるものを話し合う。音数が合うものを選ぶ。

・一連の行数、リズムの繰り返しなど、この詩のもつ約束事を使って、春の訪れを表わす。

・リズムが合わないものや、擬人法を使わないものを比べることで、リズムや擬人法の効果を考える。

2 できた詩を交流する。

詩教材・4年生

# のはらうた

工藤　直子

◆本書で元にした教科書　光村図書「国語」平成二十七年度　四年下

**概要**

作者が「のはらむら」の住人である一人ひとりの語り手の語る言葉や歌をアレンジして「うた」の形にまとめて書き上げたのが、「のはらうた」である。

「のはらうた」には、擬人化された自然の生き物たちの声が表現されている。そして、擬人化されたさまざまな人物には、その人物なりの人格や見方・考え方が表現されている。

一つひとつの作品の表現技法とその効果をとらえることにより、それぞれの人物の人格や見方・考え方、さらには作者のメッセージを読み取り、「のはらうた」のおもしろさを感じ取って「のはらむら」の世界を創造していくことができる教材である。

## 教材分析の視点

### ◆「詩の5の観点」による分析

| | |
|---|---|
| 題名 | 暗喩の題名「しんぴんのあさ」、相関・相補的関係にある題名「ひかりとやみ」、題と結びの関係の「はなひらく」詩全体で題名を表現（象徴）している「はしる」 |
| リズム | 「しんぴんのあさ」は、1行十四音と音数が同じであることや、同じ語の反復、同じ語句で韻を踏む(最後の2行)などによってリズムを生み出している。<br>「はなひらく」や「はしる」は、同じ語や文を繰り返し使うことにより、部分や全体にリズム感を出している。 |
| 繰り返し | 「しんぴんのあさ」「はなひらく」「はしる」に繰り返し（リフレイン）が使われている。<br>繰り返しは部分や全体のリズム感を出す、語り手や人物の気持ちの強さや高まりを示す、作者の意図や作者が強調したいと思うところを出すなどの効果があり、大切におさえたいところである。 |
| 語り手 | 『のはらうた』は作者と語り手が違う。 |
| 技法と効果 | 4編の詩に、それぞれ、リフレインや比喩や擬人法などの技法が使われており、それが、リズム感を出したり、語り手や人物の心情の強さを表したり、たとえられるものの性質や状態を強調したりイメージを広げたりしている。 |

## 教材分析

### のはらうた

しんぴんのあさ
　かたつむりでんきち
まいにち　おんなじみたいだけど
まいにち　いろんなことがおこる
こりゃおどろいた　おやびっくり
へへえなるほどな　ふうんそうか
まいにち　しんぴんのあさがきて
ぼくのめ　まいにちびっくりめ！
つんつんのばして　びっくりめ！

比喩（暗喩）
好奇心旺盛
どの行も1行十四音
感動詞（間投詞）感動・驚き・発見
感嘆符→感動・興奮・強調・驚き

ひかりと　やみ
　ふくろうげんぞう
みあげれば
よぞらの　ほしが
まつりのように　まぶしい
ああ
ひかるためには
くらやみも　ひつようだ

相関的・相補的関係
思慮深い　かしこい
静かに瞑想している哲学的イメージ「げんぞう」という名前からもうかがえる
直喩
感嘆詞
1行空け二連構成

**「しんぴんのあさ」**

1行十四音の7行からなる。同じ音数が、詩全体にリズムを生み出しているので、音読によってそれを感じ取らせたい。また、「ぼくのめ　まいにちびっくりめ」と韻を踏んでいることも、音の響きをよくしている。さらに、「こりゃ」「おや」「へへえ」「ふうん」などの感動詞（間投詞）や「!」（感嘆符）を使うことで、驚きや興奮、新たな感動、発見の喜びを素直に自然に表現し、毎日訪れる朝を「新品」と感じられる作者の感性を伝えている。

**「ひかりとやみ」**

光と闇はそれぞれ独自に存在しているものではなく、相関的・相補的関係にあること、物事

はなひらく　　のばらめぐみ

はなびらと
はなびらと
はなびらの　あいだに
のはらの　わらいごえを
すこしずつ
すこしずつ
すこしずつ　ためて
ちいさな　ばらのつぼみが
ほんのりと
ほんのりと
ほんのりと　めをさまし

はなひらく

繊細　明るい　笑顔

比喩（直喩）

擬人化

擬人化

題と結び

「はなびら」3回繰り返し→まだ小さい固い蕾
「すこしずつ」3回繰り返し→だんだんだんだんと、蕾の頑張り
「ほんのりと」3回繰り返し→ゆっくりやわらかくだんだん大きく

1行空け二連構成

野原の小鳥や蝶や草たちの優しい声援（のはらのわらいごえ）を受けて、小さなバラの蕾がゆっくり時間をかけて少しずつ開花していく様子、固かった蕾がだんだん柔らかく大きくなって花開く様子を表している。視（野原・植物・動物・太陽の光など）聴（応援の声）嗅（匂い）動き、感触、時間の経過などが感じられる詩。

感動の高まり
強調

はしる　　こいぬけんきち

まえあしで　ちきゅうをつかみ
あとあしで　ちきゅうをける
まえあしで　ちきゅうをつかみ
あとあしで　ちきゅうをける
もっともっともっともっと
まえあしで　ちきゅうをつかみ
あとあしで　ちきゅうをける

いま　ぼくは
かぜになる

元気　腕白

文の繰り返し（3回）

語の繰り返し

← リズム・スピード感・勢い・軽快・爽快・勇敢さ

1行空け二連構成

は全てそのような関係であることに気づかせてくれる詩。1行空けの二連構成で、二連の始めの「ああ」という感嘆詞が、悟っている感じ、静かに瞑想している感じを表している。「ひかりとやみ」という題名から両者の関係を考えさせたい。

**「はなひらく」**

「はなびら」と「すこしずつ」と「ほんのりと」の3回ずつの繰り返しが、小さな蕾が時間をかけてゆっくりと少しずつ開花していく様子を表している。その他に、「のはらのわらいごえ」という暗喩や「すこしずつためて」「ほんのりとめをさまし」といった擬人法、1行空けで二連構成になっており、結びが題名と同じ「はなひらく」で終わっている点など、工夫されている。特に1行空けの最後の1行は、見事に花びらが開いたその瞬間を万感の思いで喜んでいる語り手の思いが凜として描かれている。

**「はしる」**

この詩も構成がおもしろく、1行空けの二連構成になっている。文や語の繰り返しがリズムを生み、走る勢いを増し、スピードを出している。「はしる」は題名だけで一度も出てこないが、「ちきゅうをつかみ　ちきゅうをける」という表現がダイナミックで、勇敢な感じ、軽快な感じ、さらに、最後の2行が爽快な感じを醸し出し、「はしる」を言い表している。

# 単元プラン◆「のはらうた」（3～4時間）

## ◎第1段階

## 作品全体からイメージをつくる

1 『のはらうた』に出合う。

○前書き「『のはらうた』のできたわけ」を読み、『のはらうた』がどのように誕生したか、また、作者と語り手が違うことを知る。

○教科書の4編の詩を声に出して読み、どんな登場人物が出てきて、どのようにうたっているか、情景を想像しながら話し合う。

○4編の詩から工藤直子さんの詩の特徴を見つける。

教材の論理

### ◆ 分析から見えてくる教材「のはらうた」の特徴

**○題名が工夫されている。**

比喩的な題名であったり、相関・相補的関係にある題名であったり、結びと同じ題名だったり、詩全体で題名を表現（象徴）していたり、題名が工夫されているので、題名から問いをつくり人物像に迫ったり、作者のメッセージをとらえたりすることができる。

**○繰り返しがリズムを生んでいる。**

「しんぴんのあさ」「はなひらく」「はしる」に同じ語や文の繰り返し（リフレイン）が使われており、詩の部分や全体にリズム感を出している。また、音数が同じだったり韻を踏んだりすることでも、音の響きをよくしている。繰り返しは、リズムを生むだけでなく、人物の気持ちの強さや高まりを示している。

**○比喩や擬人化で象徴している。**

「しんぴんのあさ」や「ほしがまつりのようにまぶしい」、「のはらのわらいごえ」のように、比喩や擬人法が使われており、それによってたとえられているものの性質や状態が強調され、象徴され、イメージが広がる。

**○詩の構成が工夫されている。**

「ひかりとやみ」「はなひらく」「はしる」は１行空けの二連構成になっている。１行空けることによって、感動の高まりや情景が生き生きと描かれ、強調されている。

指導のねらい

### ◆ 教材「のはらうた」では、こんな力をつける

- 題名に着目し、問いをつくったり、なぜこの題名なのかを話し合ったりする中で、イメージを広げる。
- 詩の特徴や表現の工夫を見つけ、それを手がかりにして「のはらうた」に出てくる生き物たちの人物像（性格や思い）をとらえる。
- 表現技法とその効果をとらえ、作者の意図やものの見方、考え方、対象を見る眼について考えを深める。
- 同一話者の作品を重ね読みしたり、違う話者の作品と比べ読みしたりして、多面的に読み、読書を広げ、作者の見方・考え方に触れる。
- 表現技法とその効果を考えて、学習した技法を活用し人物の特徴を生かした作品を書く。

◎第2段階

## 細部を読む
## ～技法と効果の活用～

**1 『のはらうた』を読む。**

○詩の表現技法とその効果を手がかりにして、語り手の人物像に迫る。

4編の詩の語り手が、それぞれどんな人物か、どんな思いを伝えたいのか、そのために表現上でどんな工夫をしているのかを読み取る。

○同一話者の続け読み、比べ読みを行い、その人物像を多面的にとらえ、認識する。

・かたつむりでんきち「でたりひっこんだり」（Ⅰ巻）、「かたつむりのゆめ」（Ⅱ巻）、「ゆっくりあめのひ」（Ⅳ巻）、「かたつむり・じかん」（わっはっは）

・ふくろうげんぞう「「よるのもり」（Ⅰ巻）、「おいで」（Ⅰ巻）、「はっけん」（Ⅱ巻）、「あまえんぼう」（Ⅴ巻）、「よるのみはりばん」（わっはっは）

・のばらめぐみ「しゅみ」（Ⅲ巻）、「はらり」（Ⅳ巻）、「ひろがるかおり」（わっはっは）

・こいぬけんきち「こころ」（Ⅰ巻）、「ぽいぽい・たいそう」（Ⅱ巻）、「ふゆよこい」（Ⅳ巻）、「みんなのいけん」（Ⅴ巻）、「もうさいこう!」（わっはっは）

『のはらうた』童話屋

◎第3段階

## イメージを明確化し、表現に拓く

**1 「オリジナルのはらうた」をつくる。**

○のはらむらの住人になって、住民登録し、自分の「のはらネーム」をつくる。

○人物の特徴や詩の表現方法を詩作に活かして、詩をつくる。

○野原の誰かになって、見えてくる風景、聞こえてくる会話などを想像して、うたをつくる。

・繰り返し表現を使って書く。

・比喩や擬人法を使って書く。

・連を意識してつくる。

・題名を工夫する。

○つくった詩を鑑賞し合う。

○同作者の詩やエッセー、物語を読む。

詩教材・5・6年生

# 土
三好　達治

# 支度
黒田　三郎

◆本書で元にした教科書
『土』…光村図書「国語」平成二十七年度　五年
『支度』…光村図書「国語」平成二十七年度　六年

…概要…

「土」…土を海にたとえ、小さな蟻の動きから感じた非現実的な世界を表している。

「支度」…自然界の春に、生活の中の「春」を重ねて、新年度の心を意識させる詩である。

教材分析

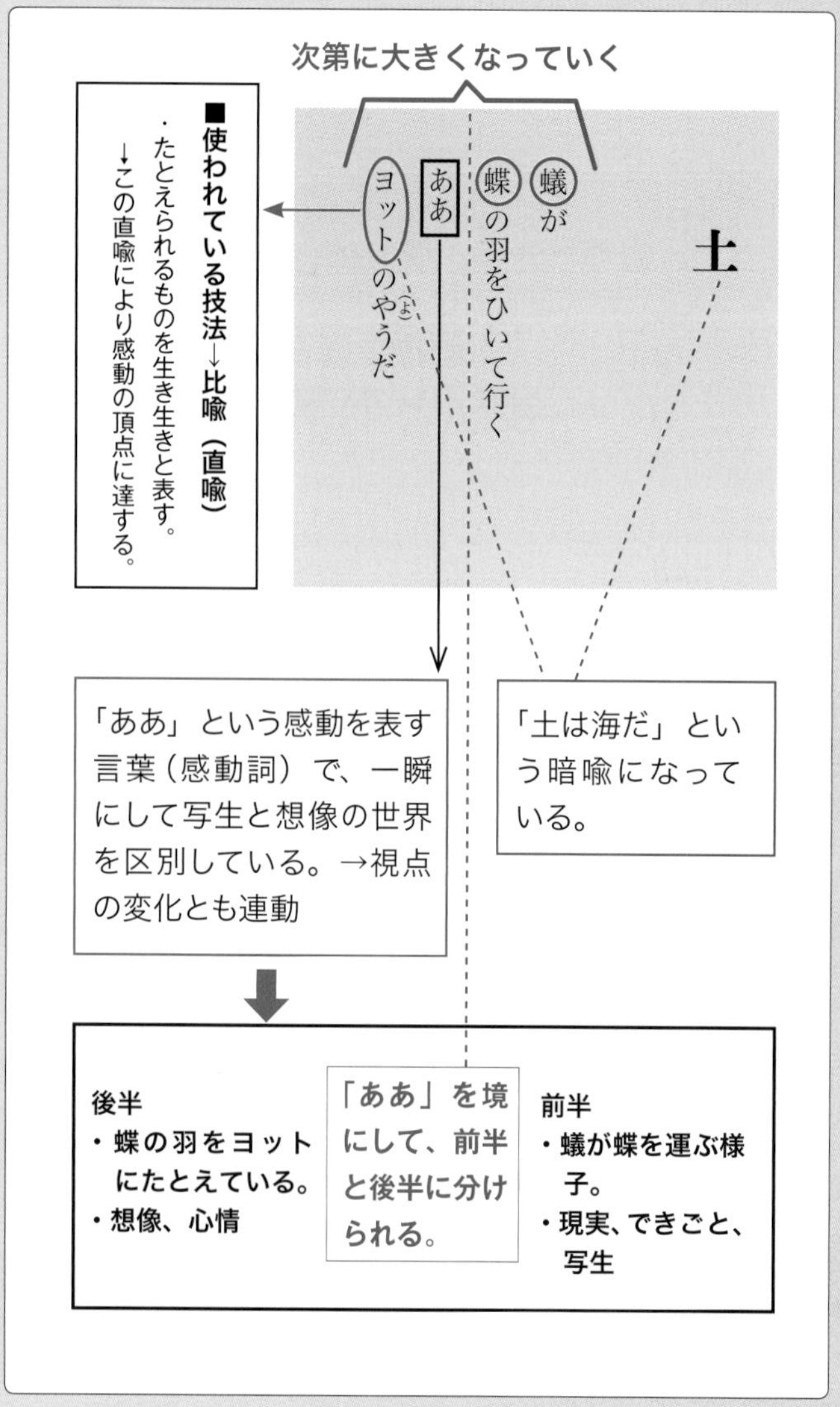

次第に大きくなっていく
土
蟻が
蝶の羽をひいて行く
ああ
ヨットのや(よ)うだ
■使われている技法→比喩（直喩）
・たとえられるものを生き生きと表す。
→この直喩により感動の頂点に達する。
「ああ」という感動を表す言葉（感動詞）で、一瞬にして写生と想像の世界を区別している。→視点の変化とも連動
「土は海だ」という暗喩になっている。
前半
・蟻が蝶を運ぶ様子。
・現実、できごと、写生
「ああ」を境にして、前半と後半に分けられる。

後半
・蝶の羽をヨットにたとえている。
・想像、心情


## 教材分析の視点

### ◆「詩の5の観点」による分析

| | |
|---|---|
| 題名 | 「土」……題名の「土」そのものが暗喩であり、「土」を何にたとえているかを考えることができる。<br>「支度」…問いをつくることにより答えを求めて読みを深めることができる。 |
| 中心語・文、繰り返し | 「土」……「ああ　　ヨットのようだ」<br>「支度」…感動の中心の言葉「心の支度はどうでしょう　もうできましたか」 |
| 技法と効果 | 「土」……暗喩と直喩・色のコントラスト・感動詞<br>「支度」…繰り返し・直喩・問いかけ文・倒置法 |

《「土」について》

1 **題名から問いをつくる**

「なぜ『土』が題名になっているのか」という問いから、「土は海だ」という暗喩になっていることと、作者の感動の中心にたどり着くことができる。

2 **感動の中心を探す**

ああ、ヨットのようだ

作者の限りない想像の世界が広がっている。

3 **使われている技法と効果**

| 技法 | 効果 | 「土」での例 |
|---|---|---|
| 直喩 | たとえられるものを生き生きと実感させる | ヨットのやうだ |
| 暗喩（メタファー） | 直喩よりもさらに洗練されたたとえで、読み手の思考をゆさぶる | 土（は海だ） |
| コントラスト | 対照的に事物を示し印象を強くする | 蟻の黒と、蝶の白 |

# 支度

一連

何の匂いでしょう
これは

二連

これは
春の匂い
真新しい着地の匂い
新しいものの
新しい匂い

三連

匂いのなかに
希望も
夢も
幸福も
うっとりと
浮かんでいる ようです

四連

ごったがえす
人いきれのなかで
だけどちょっぴり
気がかりです
心の支度は
どうでしょう
もうできましたか

**■題名から問いをつくる**

・支度とはどんな支度?
・何を支度するの?
・支度するものは何?

**■使われている技法**

●倒置法
通常と順序を反対にすることで印象を強め読者を引き込む。

●繰り返し
二連で「匂い」を四回も繰り返し、強調している。

●比喩（直喩）
「ようです」という直喩で、匂いの中にある思いを引き出している。

●問いかけ文
問いかけにより読者に考えさせる。

**■作者の問いかけに答える文章を書く**

・「心の支度はできましたか」という問いかけに対する自分の答えを考え、具体的に文章で書く。

《「支度」について》

1 **題名から問いをつくる**

「何を支度するのか?」という問いに沿って読んでいくと、「心の支度」であることに結びつく。

2 **感動の中心を探す**

心の支度はどうでしょう
もうできましたか

支度とはものではなく心だとわかる。題名からの問いの答えでもあり、問いかけにより、読み手の気持ちに直接入ってくる。

「できましたか」の背後に、「心の支度をしてください」という願いがこもっている。

| 技法 | 効果 | 「支度」での例 |
| --- | --- | --- |
| 直喩 | たとえられるものを生き生きと実感させる | 浮かんでいるようです |
| 倒置法 | 伝えたい言葉を強調する 意外性を狙う | 何の匂いでしょう これは |
| 繰り返し | 強調する | 匂い |
| 呼びかけ | 読み手との密接な関係をつくる | できましたか |

## 単元プラン◆「土」（1～2時間）「支度」（1～2時間）

◎第1段階

### 共通の土俵をつくる

1 題名を予想したり、題名から問いをつくったりする。

題名を意識し、最初のイメージをつかむ。

「なぜ、土という題名なの？」

「支度って、何を支度するの？」

2 全文を視写する。改行の位置や文字の空きにも、作者の意図が込められているので、ゆっくりと教師のスピードに合わせながら書く。

3 音読をする。

詩の内容や書きぶりなどを意識して、何度も音読をしながら、作品世界へ入っていく。

教材の論理

◆ 分析から見えてくる教材「土」「支度」の特徴

○題名から発見がある

・「土」……しかけである題名の謎を解き明かすと、そこには「暗喩」のもつ効果が見えてくる。

・「支度」……題名から問いをつくり、その答えを求めていくと、ものではなく心の支度であることがわかる。

○さまざまな技法をとらえることができる

繰り返し・比喩・倒置法など、さまざまな技法が使われており、その効果も実感することができる。

○五感を使った作品である

・「土」…写生のように見たことをもとに想像の翼を広げている。

・「支度」…匂いから「希望」「夢」「幸福」という抽象を導き出している。また、どちらも色がイメージできる。

指導のねらい

◆ 教材「土」「支度」では、こんな力をつける

・題名に着目し、問いをつくったり、なぜこの題名なのかを話し合ったりする中で詩のイメージを広げる。

・技法や使われている言葉の一つひとつを吟味し、作者がさまざまな効果を考えて言葉を選んだり、技法を使ったりしていることをつかみ取る。

・二つの詩を比べ読みすることにより、共通点を探る。

・作者が描こうとした世界を深く読み、理解する。

・学習した技法を活用して、詩を書く。

◎第２段階

## 問いの答えを求めて読む

《「土」では……》

1 全文を二つに分ける。

→前半…蟻が蝶を　ひいて行く
　後半…ああ　ヨットのようだ

・分けた理由について考える。
（前半は写生（目の前の出来事を見たまま・感じたまま）、後半は想像の世界。

2 表現の工夫の効果を考える。

・比喩（暗喩・直喩）
・感動詞

3 作者の感動や発見・願いについて考える。

→題名にもつながっていく。

《「支度」では……》

1 連を確認し、大きく二つに分ける。

→前半…一連と二連、後半…三連と四連

・分けた理由について考える。
（前半は新生活への希望や夢、後半は作者の思い。）

2 表現の工夫の効果を考える。

・倒置法　・直喩
・繰り返し　・問いかけなど

3 作者の感動や発見・願いについて考える。

→題名にもつながっていく。

◎第３段階

## 文章全体を読むことから表現へ向かう

1 日々の生活の中で発見したこと、感動したこと、気持ちが揺れ動いたことなどをまとめる。

・「土」…題名にこめた作者の思いについて考えたことを文章に書く。
・「支度」…作者の問いかけ（「心の支度はできましたか」）に答える文章を書く。

# おわりに

子どもたちが作品や文章を論理的に読めるようにするためには、私たち教師が、作品や文章を全体のつながりを考えたまるごととらえた読みができることが大切です。そのために、今回は、これまでの国語の教科書で多く取り扱われてきた教材や今年度から新しく掲載された教材を中心に、その教材の分析を重点的に行ってきました。

これまで一般的に行われてきた教材研究は、「どんな活動をさせようか？」「どんなワークシートを使おうか？」「どんなことを書かせようか？」などの内容がほとんどでした。また、そこに示された活動例も、教材の特性をあまり考慮することなく単純に、「音読発表会をしましょう」「自分の感想を話し合いましょう」といったものが少なくありませんでした。

これでは、教材の特徴を生かした教材研究にはなりませんし、文章をまるごととらえた論理的な読みは期待できません。

今回は、次のような手順で「教材研究」の前に「教材分析」をしっかりと行うことを重点としてきました。

・「教材分析」は、その教材がどのような特徴をもっているか、読みの観点を活用して分析を行い、その教材ならではの特徴＝教材の論理を見い出しました。

・「教材分析」から見い出された特徴を授業にどのように生かすか、どのような思考活動をさせていくかを考えるといった「教材研究」を行い、単元プランとしてまとめました。
教材分析においては、「読みの観点」(物語の10の観点、説明文の10の観点、詩の5の観点)を活用した分析を行い、教材研究では、「3段階」の指導過程をもとにして、その方法を考えて参りました。
本書をお読みいただくことによって、本書で取り上げた教材の教材分析や単元プランを授業に活用していただくのはもちろんですが、ここで示した教材分析や教材研究についての考え方や方法を、紙面の都合で本書に取り上げることができなかったほかの教材の授業づくりにも生かしていただければと考えています。

私たち教師の「教材分析」「教材研究」によって、子どもたちが国語の授業で論理的に「考える」思考活動ができたら、教師も子どもも楽しめる国語の授業になるのではないでしょうか? そんな国語授業を目指していきたいものです。

最後になりましたが、本書の企画や出版をしてくださいました文溪堂の岸様、佐竹様、そして装文社の金子様にお礼を申し上げます。

平成27年6月

筑波大学附属小学校　白石範孝

編著者紹介

白石《しらいし》 範孝《のりたか》

1955年鹿児島県生まれ。
東京都の小学校教諭を経て、1990年から筑波大学附属小学校教諭。現在に至る。明星大学教育学部講師、使える授業ベーシック研究会会長、全国国語授業研究会理事、国語ICT研究会会長。
著書に、『白石範孝のおいしい国語授業レシピ』『白石範孝の国語授業のフルコース』『3段階で読む新しい国語授業』1～3『国語授業を変える「用語」』『国語授業を変える「漢字指導」』『国語授業を変える言語活動の「方法」』（文溪堂）、『白石範孝の国語授業の教科書』（東洋館出版社）など多数。

著者紹介（50音順）

梅田 芳樹　東京都・学習院初等科
江見 みどり　東京都・武蔵野市立第四小学校
大澤 八千枝　広島県・三次市立十日市小学校
香月 正登　山口県・下関市立安岡小学校
駒形 みゆき　東京都・杉並区立杉並第七小学校
重谷 美保　広島県・世羅町立甲山小学校
白坂 洋一　鹿児島県・南九州市立霜出小学校
瀧 哲朗　島根県・安来市立能義小学校
田島 亮一　東京都・晃華学園小学校
野中 太一　神奈川県・横浜国立大学教育人間科学部附属横浜小学校
林 真弓　東京都・杉並区立高井戸小学校
福田 秀貴　青森県・八戸市立江南小学校

（所属は発行当時）

デザイン・DTP：野澤義彦（有限会社 野澤デザインスタジオ）
菅原純子（スガワラデザイン）
編集協力：金子聡一（株式会社 装文社）

# まるごととらえる国語教材の分析

2015年7月　第1刷発行

編著者　白石範孝
発行者　川元行雄
発行所　株式会社文溪堂

東京本社／東京都文京区大塚 3-16-12　〒112-8635
TEL（03）5976-1311（代）
岐阜本社／岐阜県羽島市江吉良町江中 7-1　〒501-6297
TEL（058）398-1111（代）
大阪支社／大阪府東大阪市今米 2-7-24　〒578-0903
TEL（072）966-2111（代）
ぶんけいホームページ　http://www.bunkei.co.jp/

印刷・製本　サンメッセ株式会社

ISBN978-4-7999-0134-2　NDC375　144P　257mm × 182mm
落丁本・乱丁本はお取り替えします。定価はカバーに表示してあります。